活好每一天

與腎友逆旅同行的人生感悟

王秀蓉 著

目錄

第二章 驚心動魄

第三章　誰能明白我？

第四章　走出陰霾

第六章 洗血的日子

第七章　在家洗血

第八章　換腎後

第九章　生命的啟示

第十章 心靈故事

「路是人走出來的！」

自序

一位兒子打電話到腎科中心：「我媽媽有糖尿病，怎麼醫生說她有腎衰竭，需要洗腎？媽媽沒有和家人商量就跟醫生說不洗了，她是否會不久於人世？洗腎要怎樣洗？用甚麼去洗？……」他有問不完的問題。

健康的人對腎衰竭很難理解，特別是那些常用術語總覺得讓人摸不著頭腦。本書開首會簡略地介紹腎衰竭及它的治療方式，作為背景資料，以便讀者對腎病患者所面對的生活有多一點了解。其後就是本書的重點：道出腎病患者那肉眼看不見、儀器測不到的內心世界。

在這本書裡，包含五十多個腎病患者的生命故事，記述了故事主角在經歷腎衰竭不同階段中的思想感受：由最初得知患病的震撼到最終對腎病的感悟、從而活出與腎病同行的生活智慧、人生的體會等等。面對疾病，他們亦因各自不同的生活背景和人生遭遇，產生了種種複雜的情緒反應，踏出不同的心路歷程。

筆者希望讀者在閱讀本書後能理解腎病患者在逆境中的感受：諸如初期的難以接受、在治療中的困境、內心的掙扎、擔憂和恐懼等等。筆者期望透過本書能夠讓大眾，尤其是病患者的家人及照顧者，對他們面對的困難有進一步的了解、明白和體諒同理。

雖然本書是環繞腎病患者而寫，但同時也是一本面對逆境時的心靈書籍。患上腎病是生命中的一個挑戰，書中的主角卻多能以正面的態度去面對，積極地克服困難，從而看見生命美好的一面。希望他們的故事可以為讀者帶來正面的訊息，給大家一點鼓勵！另一方面，或許在讀完本書後，讀者會增加了對腎病及其治療的認識，那就更加讓筆者感到欣慰。

對患有腎病的讀者，但願本書的內容能給予大家一點參考和鼓勵。或許故事主角的感受會喚起大家類似的回憶、或帶出相同的情感，從而產生共鳴，最終發現：「原來自己並不孤單。」

最後，本書的內容雖然取材自一班患有腎病的朋友，但是故事主角的姓名及個人背景資料已經過修改，以保障個人私隱。

藉此特別感謝王達先生鼎力支持；周雅儀小姐、雷海倫院牧、曾雅麗小姐、戴泳廷先生及萬玉崑先生付出精神和時間閱讀稿件，並給予寶貴意見；黎漢傑先生悉心地編輯本書，讓此書能夠順利出版，十分感激！

第一章　當腎臟不能為身體效勞

要了解腎病患者，一定要先對腎病有一點認識。腎病到底是怎樣的一回事？這一章簡略地介紹腎病及各種相關的治療，目的是讓讀者有基本的背景資料，去明瞭書中主角在病患中的經歷和感受。

腎臟的職責

腎臟的職責是清除身體血液中的廢物和多餘水分、調節身體電解質及酸鹼度的平衡、調節血壓、製造紅血球及維持骨質健康，讓身體保持在一個健康狀態。

腎病的症狀

當腎臟出現問題，初期沒有明顯症狀，容易被患者忽略。隨著腎功能漸漸衰退，病徵可能會出現，包括：小便起泡、夜尿頻密、水腫、頭痛、疲倦、噁心、食慾不振、皮膚痕癢、尿量減少、呼吸困難、血壓高、貧血等等。

腎功能衰退的原因

慢性腎病導致腎功能衰退，常見的慢性腎病成因有：糖尿病、血壓高、腎小球腎炎、多囊腎、腎石、紅斑性狼瘡等。慢性腎病令腎細胞組織長期受到破壞而漸漸地失去功能。

末期腎衰竭

腎功能衰退是逐步下降的，因應衰退程度而分為五期。當腎功能衰退至第五期，這階段稱為末期腎衰竭，這時患者必需接受透析或腎臟移植去維持生命。

腎功能衰退程度以腎小球過濾率（GFR）去界定，正常腎功能值為每分鐘 100 毫升(100ml/min)。

階段	腎功能	腎小球過濾率 GFR (ml/min)
第一期	腎功能正常 但尿液異常	90或以上
第二期	輕度 腎功能衰退	60-89
第三期	中度 腎功能衰退	30-59
第四期	重度 腎功能衰退	15-29
第五期	末期腎衰竭	少於15

腎功能檢查

血液測試可以顯示腎功能。腎功能衰退，血液的肌酸酐和尿素會升高。腎小球過濾率（GFR）可從肌酸酐數值、年齡、性別以公式計算出來。

末期腎衰竭治療

末期腎衰竭治療的主要目的是「替代」腎臟的淨化功能，而不是醫治腎臟的病變，亦不能恢復已失去的腎功能。治療主要分為兩類：透析治療（洗腎）和腎臟移植（換腎）。

透析治療（洗腎）

洗腎有兩種方式：血液透析（洗血）和腹膜透析（洗肚）。

血液透析（洗血）

利用洗血機，藉著儀器（人工腎）過濾血液，以達到血液淨化。一般來說，洗血一星期進行二至三次，每次四至五小時療程。患者需要預先接受小手術，在手臂上建立動靜脈瘻管，每次洗血時需要將兩枝針插入血管，一枝用作抽取血液進行過濾，另一枝將血液輸回體內。

家居血液透析（家居洗血）

患者在家中進行洗血程序，一般會隔天進行，每次約六至八小時療程，可在晚間進行。由於洗血時間相對充足，所以治療成效會比較好，患者的飲食也可以寬鬆一些。

腹膜透析（洗肚）

利用人體腹膜進行血液淨化。患者需要預先接受小手術，將一條永久性軟喉管植入腹腔，喉管的一端露在肚皮上。治療時預先注入兩公升透析液（洗肚水）於腹腔內，血液（在腹膜上的微絲血管內的血液）的廢物和多餘水分會透過腹膜過濾到洗肚水。數小時後，進行「換水程序」：將腹腔內含廢物的洗肚水排走，再注入新的洗肚水，俗稱「換水」。患者每天需要進行三至四次「換水」程序。

自動腹膜透析（用機洗肚）

利用腹膜透析機，在每晚睡眠時治療。患者臨睡前將腹腔喉管接駁上腹膜透析機，由機器在晚間自動進行「換水」，起床後將喉管與透析機分離。患者在日間可以享受自由活動。

腎臟移植（換腎）

將一個正常腎臟從捐贈者的身體移植到患者的身體，而患者本身的兩個腎臟不會被切除。手術後患者需要長期服用抗排斥藥物。一個移植腎可以提供足夠的腎功能去維持身體在健康狀態。

洗腎足夠嗎？

單靠洗腎是不足以維持身體健康，患者還需要控制飲食，並服用醫生處方的藥物，以配合完整的治療。

飲食控制

洗腎的患者需要控制飲食，吸收過量以下物質會引起身體不適和各種問題：

鈉（鹽）過高：令身體積存水分引至水腫，肺水腫會令呼吸困難，嚴重者會有生命危險。

鉀過高：引至心律不正、心臟停頓，會有生命危險。

磷過高：引至皮膚痕癢、血管及軟組織鈣化、骨骼的鈣流失而變得脆弱、容易骨折。

另外，腎病患者不可吃楊桃，因楊桃含有對神經系統有害物質，吃了會積聚在身體而引至：打嗝、肌肉抽搐、神志不清、昏迷、嚴重者甚至死亡。

洗腎是長期的治療，當換腎的機會出現時，患者就不用洗腎。而當移植腎受到排斥而失效時，患者就需要回復洗腎治療。另一方面，當一種洗腎模式失效時，患者會轉用另一種洗腎模式，很多時是洗肚失效之後轉為洗血治療。所以很多患者在一生中會接受多種不同的治療方法。

第二章　驚心動魄

患上疾病，自然會尋求醫治。只是，偶有一些腎病患者不會接受醫生意見，拒絕治療。外人會覺得不可理喻，家人及醫護人員更替他們擔憂。到底在他們堅決拒絕的背後，內心有甚麼想法？是甚麼原因讓他們有這個決定？相信以下七位朋友的經歷，可以讓大家了解多一些初患腎病的朋友的內心感受。

在另一方面，他們的經歷也險些讓他們失去寶貴的生命。對新的腎病患者來說，筆者亦希望大家引以為鑒，避免重蹈覆轍。

沒法接受

星期日的早上，寒冬的太陽照射著露台，三十五歲的小林懶洋洋地躺在安樂椅上，在寧靜舒適的環境中，享受著和暖的晨光，滿有幸福感。這段日子也確實是他生命中最幸福的時間：事業穩定、經濟無憂、居所舒適、至愛相伴，他深感滿足。在放鬆之際，腦海卻閃出那困擾著他的疑問，那藏在心裡好一段日子、自己不想面對、也不想告訴任何人、一直沒有去處理的問題。

他終於有機會為這疑問踏出第一步！這一天，在一個聚會中，他遇上一位醫生朋友，腦袋跳出一個念頭：「不能再逃避！」他簡略地對朋友說出了自己的問題：「我發現小便中帶有很多泡沫，已經有一段很長的時間。」醫生朋友懷疑小林的腎臟出了問題，有需要找一間診所作檢查。

診所醫生為小林作詳細的身體檢查及抽血化驗。報告出來了，醫生對小林說：「小

便帶有泡沫是因為蛋白尿，同時血壓偏高，驗血報告顯示腎功能有明顯的衰退。在目前來說，還未需要洗腎，不過要控制血壓和觀察腎功能。我建議你找一位腎科醫生跟進你的情況。」

小林身體一向健康，突如其來的消息有如晴天霹靂！醫生宣告的那一刻，他感覺有一塊大石壓在心口上似的，內心難受到極點，腦袋更加一片空白！小林心想：「不幸的事情怎麼會落在自己身上？怎麼在生命中最幸福的時候告訴我這個壞消息？怎麼醫生可以如此輕鬆地宣告這個噩耗？他明白我的感受嗎？」他實在不能相信，更加不能接受。

小林沒有依照醫生的指示，沒有找腎科醫生跟進處理問題。他十分抗拒這個現實，心裡想著：「死就死吧！」他只想逃避，逃避可以減少內心的痛苦！

幸福和平靜的日子被打亂了，小林知道自己終有一天需要面對洗腎的命運，只是他實在沒有勇氣去接受和面對。洗腎，在他的認知裡，是痛苦、恐怖、失去自由的，他怎能接受？內心充滿不安和恐懼。

漸漸，他明白到目前開心和自由的日子有限，有一天會終結。於是他讓自己盡情地享受自由的生活，趁著還有自由，吃喜愛的食物，到各地旅行。並且以工作及各種活動將時間填得滿滿的，讓自己在忙碌的日子中忘記疾病。同時，他不想至愛擔憂，只好裝作若無其事，沒有將病情告知太太；其實，他心亂如麻。

四年過去，小林開始感到不適，他漸漸地感覺沒有氣力、容易疲倦、沒有胃口、作嘔作悶、腳部浮腫，這些情況持續了兩星期。他心裡知道：「恐怕是時候要洗腎了！」

一天的早上，他在家中感覺呼吸困難，平躺下更有窒息的感覺，他坐立不安，感覺煩躁、焦慮。心裡不知如何是好，實在非常辛苦！太太十分慌亂，不知所措，只好急召救護車將小林送往醫院急症室。

到達急症室時，小林的情況已經十分危急，即時被轉送往深切治療部。他陷入半昏迷的狀態中，迷糊間，小林心裡在疑問：「是否快將死亡？能不能夠在自己死前見父母一面？」但一切已經不是自己所能掌握！

小林在深切治療部昏迷了兩天，清醒過來的他不知道在那兩天發生過甚麼事。只知道自己身上插著多條喉管，疲弱地躺在床上，聽著太太訴說醫生如何緊急地救回他的性命，為他洗血，清除累積在身體的大量水分，讓他脫離險境。

情況穩定下來，他從深切治療部轉往普通病房，開始了長期的洗腎治療。小林在經歷過洗腎治療之後，發覺一切並非如自己所想像的可怕，洗腎也不外如是，心情漸漸放鬆了下來，也開始接受發生在身上的一切。

在醫院住了數星期，身體終於康復過來，小林可以回家作長期洗肚了。在離開醫院那一刻，他感受到能夠呼吸空氣，可以生存下來，自己是多麼的幸運！他內心充滿感恩，懷著輕鬆和喜悅的心情回家。

生無可戀

阿榮任職的士司機，每天放工後他會順便買飯盒回家作晚餐。自從十多年前與太太離婚後，他已經沒有在家煮飯的習慣。年近半百的他，這幾年更受糖尿病所困擾。阿榮獨自住在不足一百平方呎的板間房，晚上對著簡陋和冷清的居室，倍感孤單寂寞。

沒想到這一天在醫院覆診的時候，醫生告訴他另一個壞消息：「你的腎臟受糖尿病影響，腎功能已經衰退到末期，要洗腎了！」從那一刻開始，要面對多一個難題，他問自己究竟是否承受得了。

得知腎衰竭這個突如其來的壞消息，他呆住了！只聽見醫生說要插一條喉管，長期留在肚皮上，之後每天要自己在家洗肚，一天「換水」三次。他心煩意亂，不能理解治療的詳情，只知道治療很麻煩和複雜。

知道自己需要洗腎，阿榮問了醫生一個問題：「若我不洗腎的後果會是怎樣？」醫

生回應說：「若果不洗腎，你可能只剩下半年壽命，若願意洗腎的話，生命還可以延續下去。」

「還有半年壽命」，或許對一般人來說就如宣判患有絕症，等於死期將近。但對那一刻的阿榮來說，他並沒有感到半點可惜。反正在他的生命裡，已經沒有家庭、沒有親人，孑然一身，實在找不到甚麼生存的意義。生命沒有甚麼值得留戀，他毅然選擇了放棄治療。儘管醫生再三規勸，他還是堅決拒絕洗腎。

阿榮決定不洗腎，數星期後，他在家中出現嚴重的水腫及肺積水，呼吸困難，用盡全力也吸不到空氣似的，覺得快要窒息！他內心惶恐起來，感覺死亡將至！在那痛苦的一刻，阿榮只希望有人幫助他減輕痛苦，他唯有急召救護車送往醫院急症室。

在醫院內，醫生緊急地為他治療，在他身上插入靜脈導管，即時洗血，將身體積存的大量水分清除。經過一輪緊急救治，阿榮的呼吸得到改善，他可以自然地呼吸空氣了。原來不用費力呼吸是如此的自在和舒服。曾經喘不過氣、臨近死亡邊緣，阿榮醒覺到可以好好地呼吸已經是一種幸福，亦體會到能夠活下來是何等可貴！他想起「螻蟻尚且偷生」，那一刻他明白：「人本來就有求生的本能！」他終於改變了原本放棄治療的決定，願意接受洗腎治療，在家洗肚。

怕麻煩

每次從羅湖回到香港，都令阿明想起快樂的童年回憶。那些與同學踏單車、走遍漫山遍野，無憂無慮的日子是如斯的溫馨甜蜜。可惜，這一次回港他卻是懷著沉重的心情，他心知不妙，為自己的錯誤決定而後悔莫及，知道眼前的問題都是咎由自取，更險些兒送了命！

因為工作，阿明遷移深圳居住已經八年。四十歲的他，獨自住在一個小單位，一日三餐以外賣快餐為主。他喜歡飲酒應酬，加上吃宵夜的習慣，身體逐漸肥胖。

回想一年前，痛風性關節炎發作，他回到香港的醫院就醫，檢查之下，醫生發現阿明還有其他問題，醫生告訴他說：「你的腎臟有問題，腎功能指數（肌酸酐）已經去到五百了，而且有血壓高，我為你寫轉介信，你需要往腎科部門約期覆診。」他不明白指數去到五百代表甚麼，只知道血壓高和腎臟有問題。離開醫院前，他聽從指示往腎科部門約了覆診期便回深圳。

覆診期到了，阿明內心有點掙扎：「到底應否回去覆診？覆診要向公司請假，車費又昂貴，自己經濟已經有問題，身體又沒有不適，不如等有問題的時候才找醫生吧！」於是他沒有如期覆診。雖然血壓藥吃光了，但想到要長途跋涉回到香港覆診，他覺得還是算了吧，反正身體沒有不適。阿明對醫療的事不了了之，對身體發生的問題，更是掉以輕心。

半年過去，阿明開始覺得四肢無力，容易疲倦、氣促、皮膚痕癢。不過他覺得情況不算太惡劣，應該可以支持下去，心裡想：「讓自己好好休息一段時間，身體或者會有

改善。」於是他停止工作，在家休息。

可惜，休息兩個月後，身體不但沒有好轉，反而變得更差。到了那一刻，身體出現的各種警號告訴他：「需要盡快回港醫治！」

他拖著軟弱無力的軀體從深圳到香港，行兩步已經氣喘如牛，需要停下休息！他一步一步的橫過羅湖橋，只覺得路程特別長，醫院特別遙遠。他多渴望可以立即到達急症室，感覺太辛苦了！他喘著氣，如蝸牛般的慢慢往前行，他望著四周，心裡在問：「橋上這麼多人，怎麼沒有人看見我的辛苦？怎麼沒有人伸出援手？還能支持到急症室嗎？生命會就此完結嗎？」他悔不當初，讓病情拖延到如此惡劣的境況。

過了關，他匆匆地乘的士去醫院，終於到達急症室，當時的情況已經極度危急，嚴重的水腫令他呼吸困難。醫生急忙地為阿明即時進行急性洗血，清除大量水分，他的呼吸才有改善，情況算是穩定下來。阿明這一次與死神擦肩而過，萬幸最後無礙，他對醫生滿心感謝。

經歷生死，往後需要處理的事對阿明來說已經是微不足道。他接受洗腎治療，重新安排生活：搬離深圳的家，收拾細軟，拖著紅白藍袋跨過羅湖橋，回到熟悉的香港。重回自己成長的地方，他尋找居所和工作，正面積極地開始新生活。

萬能俠

何太過著充實的生活，每天送了一對子女上學之後，她便處理一切繁瑣的家務和安排三餐煮食。在空餘時間還協助丈夫在生意上的業務工作、例如財務和文書管理。各方面何太都處理得頭頭是道，她聰敏能幹，恍如萬能俠，沒有事情會難倒她。

十一年前，何太已經患有腎炎，當時醫生告訴她說：「將來會有需要洗腎的一天。」她清楚明白。何太為人開朗、堅強和自信，她以為自己在這十一年期間已經接受並且消化了洗腎的消息，卻沒想到這一天，當醫生說：「妳的腎功能已經退化到要洗腎的階段了，我們會為妳排期做插肚喉手術，準備下一步開始洗肚。」聽到這個消息，她卻哭了，原來自己還未能接受要洗腎的命運。

習慣了積極解決問題，何太相信還有一線生機。十一年都沒有問題，她希望這些不用洗腎的日子可以延長下去。朋友知道何太的情況，告訴她說剛巧有一位出名專醫奇難雜症的「神醫」到香港短暫行醫。何太覺得既然有「神醫」，就不妨一試。她內心燃點起希望，亦不理會腎科醫生曾經給她的忠告：「不要吃中藥！」

「神醫」保證可以改善她的腎功能，何太心裡自然充滿希望，毫不猶疑地服用處方的中藥，連續吃了二十多劑。

中藥療程還未完結，已經到期回腎科中心覆診，何太提醒自己不能洩漏吃中藥這個祕密，同時希望驗血報告會帶來好消息。覆診期間，她緊張地望醫生，只見專注於電腦屏幕的醫生突然眉頭一皺，何太的心冷了一截，心知不妙！

醫生說：「指數（肌酸酐）升得好快，不過，更大的問題是鉀質很高，擔心會有危險，恐怕不能等到妳插喉的日子！」為了要盡快讓何太開始洗肚，醫生唯有以救急為理由將別人的手術期調配給她，急急為她進行插肚喉的手術。

何太對「神醫」十分失望，在沒法改變的現實中，她傷心難過，無奈地接受醫生的一切安排。後來何太再想深一層，在失望之中亦慶幸自己能夠及時回腎科中心覆診。否則後果可能會更嚴重，甚至性命難保！

心願未了

七十年代，年輕的阿廣身在中國。他攀山越嶺，經過多番嘗試，終於可以踏足香港。他相信這是一片機會處處的土地，他滿懷希望的對自己說：「要努力！多賺一點錢寄回家鄉，讓父母建房屋，改善生活！」

在香港，他到工廠工作：搬運、包裝、清潔，每天十五小時，做著粗重辛勞的工作。

他感到十分疲累，知道自己沒有足夠的休息時間。不知從甚麼時候開始，他受到頭痛的困擾，長時間的頭痛影響到工作，他不得不尋求診治。

醫生說阿廣患有血壓高，需要服食血壓藥，後來更發現他患有腎炎。數年後，醫生告訴他說已到了末期腎衰竭，需要洗腎。阿廣覺得這個消息不會是真的，實在不能相信自己的耳朵，怎麼會患上腎病？心願還未達成，怎可能就此停下來？

他拒絕了醫生安排的插肚喉手術。不想洗腎！他相信一定有其他醫生可以醫治好自己的病。存有一線希望的他四處尋訪不同醫生，長途跋涉，在所不辭。

阿廣看過不同的中、西醫，服用過無數的中、西藥，身體卻沒有半點改善。一個下午，在擠擁的街上，他站在路邊等候過馬路之際，只覺得天旋地轉，站立不穩，暈倒在地上，不醒人事。在旁的路人急忙地召喚救急車將他送往急症室。

在醫院他甦醒過來，醫生發現他的肌酸酐已經到了異常高的水平，會有生命危險，需要即時洗腎。那一刻，他無奈地接受現實。在心裡，他覺得自己是因為工作過勞，以至捱壞了身體而患病。明白到身體健康的重要，他決定停止工作，好讓身體得到休息；亦開始了長期洗腎治療。

聞說

在農村長大的阿雲，四十歲時跟隨丈夫移民到香港，投入這個繁華都市的生活。狹窄的居所、擠迫的街市、急速的生活步伐，要適應香港的生活不容易；加上離鄉別井，思念家鄉的種種情緒，阿雲覺得新生活帶來不少壓力。

還未適應新生活之際，身體就出現問題。她每一晚都會醒來三至四次如廁小便，影響睡眠質素，日間更覺疲倦。

有一天，阿雲發燒不適，患上感冒，她向醫生求診時順便告訴醫生晚上小便頻密的問題。醫生轉介阿雲往專科跟進，檢查後發現她患有腎炎。

阿雲在定期專科跟進下，身體狀況尚算穩定，只是腎功能在慢慢地衰退。十年之後，已經到了末期腎衰竭的階段。當醫生說需要洗腎時，她不明白洗腎是甚麼，只是曾經聽聞說：「若然接受了洗腎的話，就要洗一世，沒有斷尾的一天。」她不能接受一種沒完沒了的治療，十分害怕，心想一定要找別的醫生去醫好自己。

雖然心裡不願意，阿雲還是聽從醫生的建議，排期接受插肚喉手術，準備洗肚。不過，與此同時，她卻私底下另謀出路，四處打探，終於找到聞說能夠醫治腎病的醫生。她心存希望，不惜長途跋涉遠赴市區中心尋找名醫。阿雲覺得名醫的診金雖然昂貴，但只要能夠醫好腎病，都是值得的。

插肚喉手術的日期到了，阿雲心中忐忑不安，不知如何是好。她覺得在名醫跟進下，自己的身體雖然沒有明顯的改變，但感覺又好像舒服了一點。她對名醫還存有一絲希望，心裡想著：「或許給多一點時間，身體會有轉機。」她最終決定不接受手術，也不理會護士在電話再三的勸戒！最後，更索性掛起電話，不接聽醫院的來電。

阿雲盼望著身體會有改善，直至這一天，她覺得呼吸困難，頓感慌張，知道要馬上到醫院治療。她只好打電話回腎科中心，告訴護士自己的情況，並且表示願意接受洗腎治療。

護士建議她盡快到急症室醫治。阿雲急忙地乘坐的士到達醫院，檢查過後，醫生即時為她進行緊急洗血治療，清除積聚的水分。阿雲呼吸得到舒緩，終於明白到聽從醫生、接受洗腎的重要性。她知道名醫也不能幫忙，無奈地接受現實，為此，她傷心失望，哭了無數個晚上。

真相

六十五歲的明叔辛苦勞碌一生，終於可以從工作崗位退下來。可惜健康卻不如人意，二十多年前開始出現的糖尿病，釀成了現在的腎衰竭。

明叔已經到了末期腎衰竭階段，需要洗腎。醫生為他安排好一切洗肚的準備，包括約定日子做插洗肚喉手術。所有事情都如預期的順利進行，沒想到在手術期的前一天，明叔突然打電話通知護士說：「我不會回醫院做手術，我不打算洗腎！」他沉默寡言，說話一句起，兩句止，沒有任何解釋。

醫生無奈地取消一切安排，並給他預約覆診期，以便跟進他在沒有治療下的身體狀況，在必要時為明叔提供舒緩治療。

在拒絕洗腎之後的數星期，明叔因身體不適，前往急症室接受治療。醫生苦口婆心的勸喻他洗腎，但他堅決地拒絕，卻又說不出原因。醫生唯有處方一些藥物以舒緩不適，讓他回家。

事隔不久，明叔第二次嚴重不適，再次入急症室治療。他的尿素已升到異常危險的程度，會導致體內出血的危險。可是，無論醫生如何解釋他的危險處境，並且嚴厲勸戒，他依然堅決拒絕醫生的忠告。無奈地，醫生只能提供舒緩性藥物，他再一次拖著殘弱的身體回家。

如醫生所料，明叔在離開急症室後的第二天，在家中因為暈眩而跌倒，全身抽搐，最後昏迷。救護車將他送入急症室，懷疑是腦部出血。入院後他清醒過來，但辛苦地表示劇烈的頭痛難以忍受、他血壓升高，心跳急速，嘔吐，軟弱無力。他希望醫生幫助，減低痛苦，只是他依舊固執地說：「不會洗腎。」醫生束手無策。

住院兩天，明叔終於忍受不了那令人痛不欲生的頭痛，感覺已經站在死亡邊緣，他終於放下執著，答應洗腎，逃離死亡一劫！

洗血治療一段日子後，明叔的情況穩定下來。這一天他剛洗血完畢，輕鬆地享受著飯後果。往日無精打采、眼神呆滯的他，變得精神奕奕。身體和情緒得到改善，他的臉上多了一點笑容，更主動與護士交談，對身邊事物也多了一點興趣。明叔回想過去的一段日子，長時間疲倦、沒氣力、沒胃口、作悶、情緒低落、提不起勁做事、不願與人交談，實在受盡種種折磨。

護士見明叔變得健談，在半說笑式的盤問下，他終於說出真相：「在知道要洗腎之後，很想尋找出路，於是接受了非傳統的另類治療，希望可以免於洗腎的命運！」他堅定地相信另類治療可以幫助他，所以在極之不適的情況下，他還是堅持拒絕洗腎。直至到了極點，真的忍受不了，知道不能再執著，才接受洗腎。明叔表示：「若果時光可以倒流，我會改變決定，選擇早一點洗腎，避免受那不必要的痛苦。」

結語

患上腎病假若能夠及早與腎科醫生配合治療，是有機會「減慢」腎功能衰退的速度，從而延遲末期腎衰竭的到臨。但是，當腎衰竭去到末期，患者是需要長期洗腎，去替代腎臟的排泄功能。洗腎只是「取替」腎功能，是不能「醫好」腎衰竭的。但是，「洗腎」這種替代性治療也是必要的，否則患者會因為毒素和水分在體內累積而產生各種嚴重問題，對生命構成威脅。

以上幾位朋友因為種種複雜的心理狀況，夾雜著逃避的心態而拖延了及時的洗腎治療，身體轉差，最終達至一個危險的情況，承受嚴重不適，甚至有生命危險，需要緊急救治。

他們若接受腎衰竭的現實，在適當時候接受洗腎治療，腎衰竭就不會為身體帶來嚴重不適，身體也不會陷入惡劣的境況；而且在接受洗腎之後，身體和精神狀況也會得到明顯的改善。

第三章　誰能明白我？

知道患有末期腎衰竭和需要洗腎的時候，患者表示會感到：震驚、晴天霹靂、腦袋空白一片、不相信、不能接受、驚慌、惶恐、六神無主、不知所措、徬徨無助、迷惘、茫然、擔心、憂慮、無奈、哀傷、難過、情緒低落、想放棄，甚至想一死了之！他們確實受著種種的負面情緒所折磨！

令人困惑的情緒，有如洪水般的衝擊，外人是很難以理解的。面對疾病，是一個孤單的過程，內心的感受從來只有患者自己才真實地體會到。

陽光依舊？

小雁在外表上看不出有先天性發育不建全的問題，但其實她自年幼開始已經是醫院的常客，需要定期檢查。她出生時只有一個腎臟，加上後期患有腎石，因此二十八歲就已經要面對末期腎衰竭和洗腎的命運。

年輕的她性格開朗、樂觀，陽光般的笑容是她的標誌。她有自己的社交圈子，工餘活動多多，生活甚多姿彩，受朋友喜愛。只是，當醫生告訴她這個壞消息的時候，小雁覺得腦袋空白一片。她不相信、也不能接受自己這麼年輕就要洗腎！

步出醫院那一刻，內心迷惘、失落、難過，她多渴望有人分擔她的感受！小雁以文字訊息通知好友。他們即時回電話並緊張地說：「妳怎麼了？是甚麼情況？我現在來陪伴妳好嗎？」朋友的關心觸動了小雁，差點兒哭了出來。她簡單回應：「我沒有事，還可以。」她匆匆收線，不想朋友知道自己會哭。收線後，小雁實在忍不住，走進洗手間，關起門來，獨自一人盡情地哭出來。

在朋友和家人面前，她依然是堅強、勇敢，如往日一般的開朗，但內心卻非常脆弱！單獨一人的時候，沒有人看見的時候，晚上在床上的時候，她總會情不自禁地哭。在外面的世界，有誰知道這位陽光少女終日以淚洗面？一段日子後，她的情緒開始平復了，這段傷心難過的日子也慢慢地離她而去。

媽媽的心

陳婆婆彎著腰，以雨傘作拐杖，由中年的女兒陪伴步入護士站。護士說：「婆婆，要洗腎了，妳知道嗎？」已經七十歲的陳婆婆有一副慈祥面孔，她溫和而冷靜地回應：「我知道了，醫生很早之前已經告訴了我。」陳婆婆專心地聽著護士講解準備洗腎的流程，並偶爾點頭以示明白。離開前她向護士報以微笑，禮貌地表示感謝。她平靜而堅強的表現，讓女兒和護士都感到安心。

這一天，陳婆婆需要回到醫院洗腎。沒有家人在旁，她放下「媽媽」這個「家庭照顧者」的角色，做回自己，突然有所感觸。她真情流露的對著護士訴苦：「怎麼我這樣命苦？前半生要落田耕種、到工廠工作、養育兒女，內外都要兼顧，吃盡苦頭！現在兒女長大，可以輕鬆了，卻要受腎病折磨。真的想一死了之！」沉默一會，她繼續說：「只是捨不得離開丈夫和兒女，若果死了的話，有誰會照顧一家人的飲食，始終放心不下！」

「媽媽」不是「強人」，這個下午，在寂靜的居室，種種哀愁又在陳婆婆心裡湧現，她多渴望有人聆聽她內心的憂傷。正在這一刻，電話鈴聲響起，原來是相識五十多年的小學同學從老遠的英國打電話過來。老同學好像有心靈感應似的，知道陳婆婆患了腎病，特意打電話來關心慰問。

在電話中兩人互相慰問一番，傾談間大家彷彿回到童年的快樂時光！只是，話題轉到大家的近況時，兩人不約而同的訴說著老年的苦：體力衰退、行動不便、筋骨酸痛、耳目不靈；還有疾病所帶來的種種折磨。悲從中來，兩人感觸地在電話中哭了起來。

能夠有傾訴對象，可以哭訴，內心恍如得到洗滌；壓抑著的悲傷情緒得到釋放，婆婆內心感謝同學的來電。放下電話，她心情也輕鬆了下來。

無奈的接受

那是很久以前的事了，小南很年輕就離開這個世界，家人對他的記憶已經變得有點模糊，只記得他患有腎病。大家對小南感到痛惜之餘，更加將腎病與死亡連上關係。小南是林太的弟弟，對於弟弟的事，林太不想記起。只可惜，她逃避不了這個傷心的記憶。因為這一天，在毫無心理準備之下，林太在急症室裡被告知：「妳患有末期腎衰竭！」她腦海即時出現了：「自己會和弟弟一樣，逃不了死亡的命運！」

對死亡的恐懼，令她腦袋空白一片，她無法相信，消息震撼得恍似令人窒息。她問蒼天：「怎麼自己的壽命會是如此的短暫？」捱了半世，還未有機會享受人生呢！她心有不甘。林太並不知道，過往的經驗令自己對腎衰竭產生了誤解，以為腎病等於死亡，虛驚了一場。

經醫生的解釋：「腎衰竭是腎臟失去功能，只要願意接受替代腎功能的治療，例如洗腎，生命是依然可以延續下去的。」林太知道自己沒有死亡的威脅，她鬆了一口氣，心稍為安定下來。不過，對於患上腎衰竭，她還是不能接受，傷心難過，情緒低落。

對於洗腎，但她毫不考慮地接受了。因為她知道只有接受洗腎，生命才不會受到威脅。她依照醫生的指示，接受一切的治療安排。林太亦接受了一個傷心難過的自己，容讓自己悲傷落淚，盡情痛哭，讓情緒自然地流動。

結語

上述幾個故事的主人翁，面對疾病，在傷心、低落、憂慮、徬徨之中，都選擇了各

式各樣的方法去處理。他們接納自己的感受，讓情緒得以表達，清洗內心的痛苦；或尋找朋友傾訴，或選擇獨處，把壓抑在內心的負面感受宣洩出來，讓情緒得到舒緩。

第四章　走出陰霾

本以為捱了一輩子，可以放下工作，享受人生，可惜人算不如天算，在退休的時候患上末期腎衰竭，「她」接受不了這個現實！上天怎麼對自己這麼不公平？「她」抱怨、不甘、心中苦澀！

長時間自怨自艾，讓「她」沉溺在痛苦中，就如捲入了漩渦，不能自拔。「她」的眼淚如細雨，每天下個不停。不知從甚麼時候開始，「她」的情緒已經陷入抑鬱當中，需要接受心理治療。

不過，「她」只是少數例子。有更多的朋友在適當的情緒管理之後，能夠從可怕的情緒當中走出來，不再受情緒所控制。

在情緒得到接納和表達之後，他們會從思想和信念方面著手去改變。或是主動地有所行動、或是得到提醒，他們試著以正面的信念去擴展正面的情緒，不再任由負面情緒繼續產生；希望讓自己走出情緒的困局，令日子過得容易一些！

爸爸的提醒

姍姍剛落機，回到家裡已經疲倦不堪。她離開香港往外地公幹數星期，工作加上舟車勞頓，疲倦也屬正常，她打算留在家中好好休息兩天。

兩天過去，只覺疲倦不減之餘，還開始呼吸困難。她心中忐忑，這是第一次有這感覺，她知道應該是身體出了問題，於是立即到就近的醫院求診。檢查過後，醫生告訴她一連串的壞消息：「是腎衰竭引至嚴重貧血，令身體不適；同時腎功能已到了末期腎衰竭的階段，需要洗腎！」她亦即時被轉往病房接受治療。

雖然姍姍一向患有糖尿病，但一直有跟進及治療，她從來沒想到會有洗腎的一天，更不明白為何一切會來得如此的突然！在短短的時間，姍姍消化不了這一連串的壞消息，是怎麼的一回事？她震驚、迷惘、害怕、以為自己的生命接近盡頭，離死亡不遠！

住院期間，她躺在病床上，被哀傷的情緒所掩蓋，在孤單無助的處境中，眼淚不由自主地流下。探病時間快到，不願親友看見自己憔悴傷心的樣子，她收起哀傷，前往洗手間整理儀容；整理完畢，她望著鏡子，勉強露出笑容，裝扮一個堅強的樣子！

病房探期到了，爸爸在第一時間出現。望著爸爸，她悲從中來，眼睛就模糊了，淚水出賣了她那虛假的堅強。在沉重的氣氛中，大家默然無語，哀痛的感受盡在不言中。沉寂中爸爸說了一句：「盡人事，聽天命！」

在悲傷和迷惘中聽到爸爸一句慰藉的說話，她得到提醒，內心平靜下來。那一刻，她知道要接受發生的一切，將自己交托上天，並盡自己所能，勇敢地向前行。

難過的時刻終於過去！回想那段日子，姍姍深深記得爸爸的一句「盡人事，聽天命！」讓她堅強地度過艱難的日子，她滿心感激爸爸的支持和鼓勵！

座右銘

身為父親，保羅的願望是讓兩名兒女在中學畢業後到海外升學，為他們的前途作安排。他很有信心，以自己的條件，只要能夠繼續工作到退休，願望一定可以達成。

可惜，剛踏入五十歲，卻遇上末期腎衰竭，要洗腎！他不明白為甚麼自己會有多囊性腎病，只知道頓時感到晴天霹靂！心想：「還有能力供兒女出國留學嗎？」生活中的計劃在那一刻被打亂了，他心亂如麻！

在徬徨無助中，他突然看見桌面上的座右銘：「願神賜給我平靜的心，去接受無法改變的事；賜給我勇氣，去做我能夠改變的事；賜給我智慧，去分辨兩者的不同！」那彷彿是神給他的提示，他突然清醒了。

沿著清晰的思路，保羅接受無法改變的「患上腎病」這個現實。遺傳了母親的多囊性腎病，他相信那是上天的計劃，既然是不能改變的事實，他唯有接受！

想起自己的心願是要賺錢給兒女出國留學，他尋找方法，希望事業不會受到洗腎影響。當保羅知道可以選擇在家進行夜間家居洗血，日間如常工作時，他知道自己找到出路，可以放下心頭大石，心中滿有感恩之情！

保羅相信上天既然有腎病的安排，也一定會給予支撐的力量！他放下憂慮，將生命的未來交托給神，以平靜的心去面對所有的挑戰。

自我鼓勵

正當在職場大展拳腳之際，阿恆卻患上末期腎衰竭。記得當初患病的日子，他每天晨早醒來就被強烈的不安感所籠罩，心情鬱悶，那種消極的感覺陪著他度過每一天。

消極的情緒令他的生活失去動力，阿恆開始自我反省，以旁觀者的角度探索不安感覺的由來時，發現原來是自己對前路有太多擔心和焦慮：「身體狀況會轉差嗎？有能力應付工作上的挑戰嗎？工作有發展的機會嗎？還有前途嗎？」各種負面情緒纏繞著他，揮之不去，前路茫茫，他甚至感到絕望。

知道自己不能夠長時間消極低沉，他以自我激勵的方法，避開情緒的困擾，讓自己好好生活。

他開始每天早上與自己對話：「不要擔心，神會看顧！」他交托、放下心中的負擔，讓自己的心情輕鬆一點過每一天。

這一天的早上，阿恆的腦海中突然出現了：「不要氣餒！總會有解決的方法！希望在明天！」他感到那給予自己很大的支持和鼓勵，於是將訊息記下，以這段文字作為電話的屏幕圖像。每當阿恆拿起電話的時候，這段說話都給予他安慰，讓他的心得以平靜下來，多了一點動力去過每一天。

早有準備

星期六，在腎病患者互助組織的例會中出現了一個年輕又陌生的面孔，她是小悠。小悠自動請纓協助處理文書的工作。只得二十五歲的她當時患了腎炎，醫生告訴她說：「將來要面對洗腎的命運！」她十分冷靜和理智，知道自己要為這一天的來臨及早作好準備。

小悠希望透過參加互助組織的活動，讓自己對腎病與及洗腎多一點認識，同時結交一些患有腎病的朋友，了解他們的生活及治療狀況。每當有「腎病知識講座」舉辦的時候，她都會準時出席，希望能夠多方面認識腎病，以備將來好好照顧自己。

小悠喜歡到世界各地旅行，她知道將來洗腎會有所限制，所以她珍惜當下自由的日子，好好享受旅行。她為自己定下生活目標：「每年要到外地作兩次長途旅遊！」

十五年過去，小悠已經四十歲，醫生宣判洗腎的日子到了。接收到這個壞消息的時候，她還是逃不了常人的情緒反應：傷心、失落、不由自主地流淚。這個時候，幸好有一班相識十多年的腎病朋友給她安慰和陪伴、為她帶來支持和鼓勵。小悠的哀傷期維持了一個月，她很快回復平靜，心情安定下來。面對洗腎，她適應得比一般人容易。

意外得著

在這個定期的新病友分享會中，有幾個家庭出席，分別有女兒陪著爸爸；太太陪著丈夫；子女陪伴著媽媽等。他們有著共同目標，希望對腎病多一點認識，及了解家人可以如何配合，好讓患者容易一點適應生命中的轉變。

在這個分享會中，護士邀請了翠翠這位「過來人」分享自己面對腎病的心路歷程。翠翠洗肚已經一年，她還記得剛剛知道自己患有腎病時的震撼、不相信、不接受、到後來的情緒低落、消極，實在難以言喻。今天，她終於走出陰霾，情緒得以平靜下來！

她相信一班新的腎病朋友也會經歷同樣的情緒困擾，所以她將自己在「過度期」的經歷、感受、面對方法等等與大家分享，希望他們知道自己並不孤單；並鼓勵大家積極、勇敢面對挑戰。

翠翠懷著幫助別人的心，定期出席分享會。在每一次的分享會中，能夠幫助不同的家庭，她覺得很有意義。「施比受更有福」，一段日子過後，翠翠發覺在每一次的分享之後都加深了自己對腎病的接受。原來一次又一次的分享，自己也得到很大的幫助！這個善舉讓她變得更正面和積極地去過每一天的生活。

改變視角

周太小時候已經有腎病綜合症，經常出入醫院，四十歲開始要面對洗腎。她的情緒時有高低起跌，偶有抱怨。不明白為何上天給她一個腎病，讓她不能如常人般有健康的身體。

隨著年紀的增長，生命經驗豐富了，她發現在自己認識的朋友中，各人的生活也並非她所想像中平坦順利。每個人都有自己的問題：婚姻問題、兒女教養問題、家庭關係問題、金錢問題、事業問題，健康問題等等。彷彿每一個人在這個世上都有一個生命課題要面對，而自己的腎病也只不過是其中之一種生命課而已。漸漸地，她開始接受上天給自己的安排。

周太亦恍然明白到過往自己把焦點放了在「失去的健康」上，令自己活在沮喪當中。她開始看到自己所擁有的一切：「愛自己的丈夫和兒女、幸福的家庭、經濟無憂的生活、輕鬆的退休日子！」她數算著得到的恩典。

再回頭看自己的身體時，她看見自己還有：「可以延續的生命；一雙眼睛可以看見東西；一雙腿可以走路；沒有痛症的折磨！」當她數算著自己依然擁有的，她感到幸福！周太覺得除了要洗腎之外，自己與常人無異；原來腎病也算是一個不難應付的生命課題，她終於接受了自己的狀況。

理順思緒

張先生一早已經知道自己的腎臟有問題：血尿、蛋白尿、血壓高都在身上出現，只是他專注於繁忙的事業，忽略了自己的身體。他經常忘記覆診和服藥，沒有任何症狀的時候，更停止醫療跟進。直至一次感冒，長時間未癒，更出現嘔吐、惡心、身體軟弱無力等問題，等到診治的時候，已經到了末期腎衰竭，需要洗腎。

在身體不適的同時，他的心更忍受著那如萬馬奔騰的思緒所煎熬，令他不能安靜下來，晚上也不能入睡，身心俱疲！

張先生習慣書寫，於是將那千絲萬縷的思緒化成文字，讓自己的內心世界呈現在紙張上。他看著筆下的文字，發現在憂慮、徬徨、恐懼、後悔的種種情緒背後，原來是自己過於著緊生命中的責任所致。

中年的張先生肩負著龐大的家庭責任，兩名兒女還在求學階段、還有未清還的樓宇按揭等經濟負擔。他疑問：「怎打算？還能活多久？死了的話，太太和子女的生活怎辦？還可以繼續工作嗎？會被公司解僱嗎？要洗腎怎麼工作？可以即時換腎嗎？」無數的問題困擾著他。

在一步一步的理順自己的思緒之後，他列出了一條長長的問題清單，開始從四方八面尋找資料解答自己的疑問。他向護士尋求醫療問題的答案，護士一一解釋：「只要接受洗腎，生存是沒有問題的。洗腎有不同模式，可以配合生活作息，也可以選擇家居洗血或用機洗肚去配合工作；不過換腎就需要排隊等候，急不來。至於洗腎，會有以下方法……」

得到醫療問題上的解答，他整個人如釋重負，心情漸漸平服。生命可以延續，他的心安定下來。他相信：「只要還有生命，一切都可以應付！」他可以繼續工作去完成人生的責任，那亦是支持他向前行的動力。他以平靜的心去接受洗腎，重新整理工作與生活安排，適應新的生活模式。

無意中的喚醒

三十歲的小倩身體有點問題，只是沒有察覺到。一天她在家突然暈倒，失去知覺，媽媽呼召救護車將她送往醫院急症室。醫生發現她有血壓高和末期腎衰竭，需要洗腎。聽到這個駭人的消息，她非常驚訝，不相信這個消息是真的。她對自己說：「怎可能接受？」

面對這個事實，她的情緒低落到極點，她孤立自己，長時間將自己關在睡房中，不想接觸任何人，獨自活在淒風苦雨當中。

一天，吃晚飯的時候，餐桌上如常的瀰漫著一片哀愁，小倩突然發現媽媽也和自己同樣的茶飯不思，愁苦的臉龐顯得消瘦和蒼老。那一刻她察覺到媽媽也在為自己擔心而身心受創。望著心愛的媽媽，她心痛起來，沒想到自己長期沉浸在傷痛之中會令媽媽如此擔心，造成傷害，她深感內疚。

不忍見到媽媽擔心愁苦，小倩決定振作。她調整自己的思想，改變心態，告訴自己要接受現實，正面積極地生活！

當小倩提醒自己要積極向前的時候，她突然看見希望！腦海中出現了一個換了腎的自己，精神煥發、開朗喜樂的樣子！她頓時有了一個新目標：「希望有換腎的機會！」她知道要好好照顧的身體，保持身體在良好狀態，換腎成功的機會也會高一點。她更相信只要自己保持正面樂觀的心態，外在的一切也會隨心境而改變。信念轉變，她的情緒也變得開朗，身體更得到改善。

小倩在正面、積極、盼望中度過了三年的洗腎生涯，一個晚上，她接到醫院的電話，通知她即時回醫院進行檢查及準備換腎，她終於有機會得到善心人捐出的腎臟！換腎手術成功，康復過程也一切順利。小倩心願終於達成，她開心不已！

結語

面對腎病，處理情緒的衝擊是一個必經的過程。患者在接納情緒之際，亦會將種種情緒感受抒發出來，再懷著正面的信念和思想，讓自己走出陰霾，跨越情緒的難關，以正面積極的心態向前行。

第五章　洗肚的日子

大部份的新患者會以洗肚作治療，他們還在患病的適應期，已經要學習洗肚，面對各種的壓力。他們首先要學習洗肚的程序，還要安排家居環境以配合治療，回家後要承擔自我照顧的責任，個別患者更要面對經濟壓力，工作或兒女照顧的安排等等。開始回家洗肚治療之後，他們還要一步一步的去適應新的生活模式。

洗肚無難度

梁伯伯在太太和女兒陪伴下，到腎科的門診部見醫生，醫生看完驗血報告後對他說：「要開始洗肚了。」梁伯伯一臉茫然地問：「怎麼洗？」醫生說：「首先要做手術，將一條喉管插在肚皮上，等手術傷口痊愈，就開始要學洗肚，大約學一個星期。學會之後就可以回家，自己洗肚，每日做三次『換水』步驟。」

梁伯伯心想：「我都已經八十歲，還要學新事物？自己洗肚？一日做三次『換水』！還要做手術！」他覺得整件事十分麻煩又複雜，更懷疑自己是否有能力做得到。再想深一層：「本身已經有腰骨痛，又有哮喘，還有前列腺問題，如此多病痛，不如算了吧！要回天家的話，就順其自然，八十歲，也活夠了！」他拒絕了醫生的建議。

梁伯伯的決定卻令太太和女兒緊張起來：「怎能放棄醫治？」在她們的鼓勵之下，梁伯伯終於願意接受治療。醫生安排手術，為他在肚皮上插喉管，手術後四星期，他的傷口癒合了，梁伯伯開始學習洗肚。

開始上課，梁伯伯每天早上回到腎科中心；初學洗肚，他覺得程序繁複，加上記憶力不好，要重複練習多次才能掌握到每一個步驟，覺得有點壓力。他還要專注聽護士講解，學習治療和生活上的自我照顧知識，在評估合格之後才可以完成學習。不過他沒有放棄，在護士耐心的教導下，他慢慢地學習，五天後學成畢業，終於可以回家。

回到家裡，梁伯伯看見藥廠送來十多箱的洗肚水和洗肚用品，種類繁多，又佔地方，覺得很煩惱，不知如何處理。不過，他告訴自己：「冷靜！慢慢來，要分類擺放，一步一步處理！」他逐步擺放好物品。之後，在戰戰兢兢的心情下，開始「換水」，他小心翼翼，避免出錯。

回家一星期後，梁伯伯已經熟習整個洗肚治療的過程，每樣事都處理得井井有條。他滿有成功感，亦大大的增加了對自己的信心！原來洗肚並不困難！

梁伯伯退休已經二十年，退休後過著悠閒的生活，初期還會跑跑步做運動，後來跑不動了，便停下來。他的生活平淡，每天看報章和電視度日。對於每天早上、中午及晚上要進行三次換洗肚水程序，他覺得：「在生活上多了一點事情要處理，雖然繁瑣，但也可以接受的，反正平日大部份時間都是留在家中。」洗肚成為梁伯伯每一天的例行公事，習慣成自然，在不知不覺中，他已經將洗肚融入生活中。

恰到好處

年逾六十的校長仍然在一間中學工作，職務繁重。校長患糖尿病多年，引致末期腎衰竭，需要接受洗肚治療。對腎病與治療，他十分清楚，因為他已經從不同途徑搜尋資料：從互聯網、書本、醫療界朋友取得資訊。

校長還未有計劃退休，他希望可以一面工作，一面接受治療。對於每天要三次「換水」的家居洗肚治療，他欣然接受，他表示：「這種治療模式很配合我的工作，而且可以獨立自主，不必回到醫院接受治療，既方便又省了交通上的時間。」

因為工作，校長每天只能在早上及晚上在家中進行「換水」，而中午的一次「換水」

程序，他需要在工作地點進行。校長利用午膳時間，在校長室這一個「私人空間」處理。

學習「換水」程序對校長來說雖然沒有難度，但剛剛開始洗腎治療，一切還在適應中。為了確保一切達到醫院要求的水準，護士這一天到校長工作的地方探訪，目的是觀察他的「換水」程序，同時檢視進行程序的環境衛生情況，避免治療程序出現問題，引起腹膜炎。

工作不受影響，校長在工作環境的配合之下，輕鬆地將家居洗肚融入了自己工作的日誌當中！

總有辦法

阿美在一間餐廳做收銀員，朝七晚四。已任職多年的收銀工作為她帶來安定的生活。她每天由新界前往九龍工作，早上五時半就要起床梳洗準備，七時到達工作地點，放工回到家的時候已經是下午五時多了。

知道自己患有腎衰竭時，阿美唯一的反應就是哭泣，她實在傷心難過。但是當醫生告訴她需要每天洗肚換水三次時，她更加憂心不已，不知所措。心想：「我還需要工作賺錢，怎可能每天留在家中洗肚？要工作的話，早上出門前要『換水』，那麼每天四時多就要起床，自己應付得到嗎？餐廳沒有地方，中午又可以怎樣辦？」

阿美向護士訴說著自己的困境，護士了解後說：「不用擔心，可以用另一個治療方法：『自動腹膜透析』。利用腹膜透析機，在晚間睡覺時自動進行換水程序，不用人手操作，這樣就不會影響日間活動了。」對阿美來說，這種安排實在太適合了，她的心安定下來。

學習操作洗肚機難度不高，阿美五天就畢業了。回家後，她每天晚上臨睡前將肚皮上的導管接駁到腹膜透析機，之後「開機」洗肚，早上起床後只需要幾分鐘時間「收機」，完成洗肚程序。洗肚初期，她曾擔心在睡覺時喉管會鬆脫，過度緊張影響睡眠，適應過後，她已經可以回復正常的睡眠習慣。

在腹膜透析機的協助下，阿美繼續原本的工作，長達九年，直至腹膜失效，需要轉用洗血治療才停止工作。在這九年，透過腹膜透析機的輔助，讓她日間得到自由，可以繼續工作，她已經感到心滿意足，感恩萬分。

取得平衡

任職文員的小佩每天都活在壓力當中，在沒有心理準備之下被告知患有腎病，還要接受洗肚治療，她身心都受到極大的衝擊。當護士告訴她說：「每天早、午、晚三次換洗肚水，每次大約需要一小時時間；家居環境要有相應配套……」原本的生活壓力已經很大，還要安排洗肚，她覺得自己在一時間未能適應所發生的一切，承受不住。

她希望可以停下來，讓自己有歇息的機會。思考過後，她決定辭去工作，深信：「身體為重，治療為先！」她需要安靜下來，慢慢適應這個生命上的轉變。

辭去工作，小佩專注在洗肚治療之上。隨著日子過去，一切都適應了。只是，年輕的她在適應洗肚後，發覺有太多空餘時間，不知如何打發，生活好像失去目標似的。她開始不停地吃零食、往商場購物、還有不切實際的胡思亂想，情緒也常處於鬱悶當中！她察覺到自己：「沒有工作，生活日夜顛倒，過著沒有規律的生活！」

小佩希望可以回復有工作的生活，讓精神有一點寄托。幸運地在不久之後她找到一份兼職工作，重回職場。而工作更可以配合到洗肚換水的時間，在面對疾病的同時，她找到適合自己的生活模式，心感滿意。

與洗肚共舞

十年前，林婆婆六十二歲，剛退休不久，一天，她吃下一個楊桃，之後昏迷了。她被送入醫院，情況危殆，需要在深切治療部治療。

大家知道「腎病患者不可以吃楊桃！會有生命危險！」只是沒有人知道林婆婆患有腎病，因為她的身體沒有任何症狀。幸好她得到及時醫治，生命得以保存下來。

自此之後，林婆婆開始要洗肚。經歷險境之後，面對轉變，她正面地接受一切，深深覺得：「可以保住生命，怎會抱怨洗腎？」時間飛逝，轉眼林婆婆洗肚已經十年。

林婆婆早年離婚，兒女成長後各自成家立室，她獨居已經廿多年。林婆婆在一般人眼中是「孤獨老人」，但她卻自問非常享受獨居生活：「一個人生活，好享受自由自在的感覺！」她不覺得寂寞，因為她關心社會時事，日夜有電視機和收音機的陪伴。有宗教信仰的她獨立自主、性格爽朗、經濟獨立、不為兒女擔憂，可說是活得輕鬆自在。

林婆婆行動自如，有良好的自我管理能力。她喜歡到街市買餸菜，更享受食物的滋味。明白到要控制飲食，她在限制之中創出新意，以天然香料取替高鹽份的醬油，創出美味的食譜！

在家洗肚對林婆婆來說是：「不用往返醫院！在家治療舒適得多！」每日三次的洗

肚換水程序就等同於「一日三餐」，她將治療與生活緊密結合；習慣了，沒有受困擾的感覺。她以正面態度面對洗腎，小心謹慎地照顧自己。憑著良好的自我管理能力，林婆婆在家洗肚十年，依然精神飽滿、膚色潔白、身體維持在良好的狀態當中。

結語

洗肚有兩種方法，可以配合患者的生活方式。初期接觸洗肚會覺得艱難和繁複，但隨著每天重複地進行洗肚程序，患者不需太長時間就可以熟能生巧。隨著日子過去，習慣了洗肚，治療自然地成為日常生活中的一部份。

第六章　洗血的日子

每星期兩至三次到中心接受洗血，中心成了洗血患者的「第二家園」。他們與醫護及一班同路人，因為長期頻密的相處，形成一種關係，恍如「另類家人」。每次到中心重複著洗血程序，令他們熟識洗血過程，部份人更會參與在治療程序中，自我照顧。洗血雖然很單一，大家卻因應各自的處境、人與人的互動、治療相關的點點滴滴，從而產生不同的治療經歷，以及對洗血的體驗。

與洗血共存

二十五年前，芳姨因為多囊腎而引致腎衰竭，需要長期洗血。初期她感到十分無奈，更憂慮：「多囊腎有遺傳因素，那麼我心愛的、唯一的女兒是否也遺傳了這個腎病？」當女兒的驗血報告證實沒有遺傳到多囊腎的時候，她放下心頭大石。心想：「只要女兒健康，自己得病又算是甚麼？」她安心下來，對患病也多了一點接受。

開始洗血那一年，芳姨四十三歲。單親的她是家庭唯一的經濟支柱，女兒還在求學階段，實在不能失去工作。在洗血的同時，芳姨繼續工作，只是，她實在很擔心公司會知道洗血的事而將她解僱，因此經常忐忑不安，恐怕被公司的同事知道這個祕密。

一次，芳姨因為腎臟的囊腫受到感染，需要入院治療而放了多天病假。兩位關心的同事知道她生病了，於是相約到醫院探望。到達病房的時候，剛巧撞上了芳姨的洗血時間；正在洗血的芳姨見到兩位同事，表現得困窘不安，流露出尷尬的表情。同事離開後，護士上前了解，才知道原來芳姨並不想別人知道她在接受洗血治療。她感到不安，心想：

「現在恐怕不能將自己的病情保密了！」

芳姨在難苦的環境中成長，鍛鍊出獨立和堅毅的性格。她刻苦耐勞地工作，很渴望賺取多一點金錢：「撫育女兒成人、提供良好的教育、退休後可以遊埠旅行、老來經濟無憂！」她期盼自己可以如常人一般的工作到退休！只可惜，事與願違，不知甚麼原因，芳姨沒有工作至退休的日子！

工作對她來說也是一種精神寄托。沒有了工作，她寄情於醫院的病人互助組織的義務工作，協助安排各類活動：知識講座、分享會、旅行、病人探訪、同儕諮商等等。義工生活為芳姨帶來人生意義，還認識了很多朋友，她過著充實和有意義的日子。

芳姨能幹、多才多藝、充滿活力。她十分抗拒別人稱她為「病人」，她認為：「自己除了需要一星期有三次回醫院洗血之外，生活和普通人沒有分別。」芳姨今年六十八歲，她覺得自己是一個老人，多於一個病人。

對於每星期三次的洗血，芳姨早已習慣。在治療的過程中，她顯露出自己獨立的性格，並會主動處理一些自己能力範圍內的程序，例如：準備洗血用的物品、量度血壓，有一段日子，她甚至參與插針。她喜歡那種獨立自主的感覺，對自己的能力亦增加了信心。

一星期見面三次的醫生護士在芳姨的心目中不單是照顧者，也是相識已久的朋友。她笑說：「見醫護人員的時間比起見家人還要多！」洗血中心恍如是她的第二個家，特別是在女兒出嫁後，中心職員在她心目中的位置顯得更重要。醫護人員的一個微笑，一句輕聲的慰問：「芳姨好嗎？」已經讓她內心溫暖起來。

隨著時間的過去，芳姨的身體漸漸衰弱，二十多年的腎病更令她出現各樣毛病和痛症。身體的不適困擾著她，因此情緒低落，在身體出現嚴重問題的時候，她更渴望能夠得到多一點的關懷和慰藉。

芳姨身邊幸好還有幾位好朋友，在孤單鬱悶的日子可以相約午後到公園散步和傾談，讓心情得到改善，精神可以振作起來。

長期的洗血也為芳姨帶來生活上的制肘。她喜歡旅行，最開心的是女兒為她安排一家人作三數天的短程旅遊。她有一個多年的心願：「希望有一天可以換腎，回復自由！」她渴望可以多去外地旅行，就如其他已經換腎的朋友，不必受到定期洗血的限制和束縛。

身體日漸衰老，芳姨亦感覺到自己得到換腎的機會日漸微小。但她還是等待著這個看似渺茫的機會，盼望這一天的來臨，能夠得償所願，做一個四處旅行的自由人。

暖在心

小濤年少時喜歡看電視，而他對腎病的認識也是從電視中得到。在他的印象中，患有腎病是：「有腎病很悲慘！洗血好可怕！插針洗血好痛！生活失去自由！腎病代表著苦命和淒慘的人生！」

十一年前，小濤四十五歲，患有糖尿病的他一天突然暈倒。他當時還在中國工作，只好急急回港就醫。當醫生告訴他需要長期洗腎時，他腦海中浮現電視劇的畫面，心想：「怎麼會是我？怎麼我會如此命苦？」他不能接受這個殘酷的現實！

他感到絕望，很想放棄。奈何單親的他還要養育只得十歲的兒子，家中還有媽媽和妹妹。心靜下來，想起兒子，覺得自己應該樹立一個勇敢面對困難的榜樣，因此他積極面對逆境，即使痛苦也決定要繼續前行。

小濤不明白自己為何有腎病，是命運安排？上天怎麼會無緣無故給他一個病？得到護士的解釋：「是因為長期的糖尿病，血糖沒有妥善控制而引致的。」他明白到部份原因是自己過往沒有好好控制飲食，護士的資訊，讓他對自己的處境多了一點接受。

面對生命中的轉變：患病、洗腎、失業、經濟，種種問題給小濤帶來不少壓力！幸好有一班好朋友及家人，給他精神上的鼓勵和各方面的支持，減少了那獨自面對的孤單感覺。朋友教曉他如何接觸網上資訊，藉以解悶，讓他在沒有工作的日子消磨漫長的時間，小濤深感家人和朋友的可貴！

在轉變中，小濤要學習如何適應，剛巧遇著腎科中心舉辦「身心力行」的自我管理課程（課程目標：認識如何處理腎病帶來身體、情緒和生活上的問題）。在一班同學的互相支持和安慰下，他在適應身體不適和壓力處理方面得到很大的幫助。

在開始接受治療，體驗過洗血之後，小濤改變了過往對洗血的印象；原來那並不是想像中的難以接受。洗血後，他更感覺食慾增加了，人也精神起來，漸漸地不再抗拒洗血。

小濤非常感謝在洗血初期，中心舉辦的：「洗血自我照顧計劃」（計劃目的：讓洗血的患者學習並參與洗血的程序）。在護士悉心的教導下，他對洗血過程認識多了，他懂得如何準備洗血儀器、觀察自己在洗血期間的狀況等等。對洗血能夠自我照顧，大大增加了他的自信心！小濤十分喜歡那種在治療中的參與感。

在十一年的洗血經歷中，令他最深刻的是醫生護士體貼入微的照顧。一天，小濤回到中心洗血時已經心知不妙，因為他前一天吃過大餐，感覺口渴而多喝了水；他需要在四小時洗血期間內將大量水分從體內清除。如他所料，洗血中途，突然覺得滿天星斗，迷迷糊糊的，眼睛也沒法睜開，想開聲求救卻已經力不從心，原來那時的血壓已經過低了。朦朧間，他依然有感覺，聽見護士們趕忙為他急救，當時氣氛十分緊張。在大家敏捷的反應和及時的處理之下，小濤終於醒過來，各人也鬆了一口氣。他內心很感激，同時也為自己沒有節制飲食而有歉疚。這次經歷讓小濤深深感受到自己是受到重視和關顧，留下了刻骨銘心的印象。

在平日與護士的接觸當中，他感受到自己備受關懷，大家的微笑讓他感到親切和友善。護士常以半笑半罵式的提示：「又唔記得戒口呀！」小濤明白那是一種對他的關心，每每自己在進食時會想起護士的提示而提高警覺，小心控制飲食。洗血完畢，離開中心，護士的一句：「記得要覆診呀！」那種關懷體貼實在讓他感到窩心。

當初知道有腎病時以為自己只剩下兩三年的壽命，沒想到已經活了十一年！小濤以「上天自有安排」的心態，接受發生在自己身上的一切！即使他沒有換腎的希望，亦知道身體會日漸衰退，但依然不抱怨、不執著地活著。抱著「隨遇而安」的心態，他以平靜的心境度日。

提醒與責備

十多年前患上腎癌，何太身心受盡折騰。曾經危在旦夕，以為生命就此完結。經過漫長的治療，多次的手術，她終於熬過痛苦的日子，情況穩定下來，只是腎臟切除了。沒有腎臟，她需要長期洗血。經歷癌症治療的折磨，何太覺得：「洗腎又算是甚麼？」她平靜地接受洗血的現實。

每逢星期一、三及五的下午，何太都會在洗血中心接受治療。她視洗血為「一份無薪的兼職工作。」其實她亦甚喜歡到中心來，因為那是她的聯誼時間。性格開朗、健談的她與一班洗血的戰友總會有講有笑。她的出現讓中心的氣氛熱鬧起來，中心顯得生氣勃勃。

面對四小時的洗血療程，她卻享受這段大家相聚的時間。戰友彼此明白作為洗血病人的困難，減少了孤軍作戰的感覺。她重視友誼，亦因此每當有熟識的戰友離世時，她均會傷心難過好一段時間。

何太喜愛中式食品，也是烹飪能手。奈何需要限制飲食，就算山珍海味當前，總是覺得有點不能盡情享受；偶然吃多了，身體會有水腫，磷質和鉀質過高的問題。

中心需要定期每月為各人驗血，藉以評估洗血的治療成效及身體狀況。驗血報告同時也會反映各人的飲食狀況，萬一忘記戒口吃多了，在報告中亦會一目了然。它猶如一份成績表，反映各人的飲食表現，所以何太若超出飲食的限制是逃不過護士雙眼睛的。

當派「成績表」的日子到了，何太會感到壓力，不知自己有沒有吃多了而被訓誡。這一天，在洗血的時候，一位年輕新進護士拿著驗血報告，對她說：「何太，我剛才看了妳的驗血報告，發覺鉀和磷都超標了！有沒有注意到最近是否吃多了高磷和高鉀的食物呢？不如我給妳一份食物表，妳看看是否吃多了某些高磷和高鉀食物好嗎？如果妳有問題可以問我的。」護士溫柔友善的表達令何太感覺自己受到尊重和關心，她很高興可以遇到有服務質素的護士。

何太重視照顧者對病人的態度，她覺得：「『對病人的態度』是醫院服務質素最重要的一環！」遇上面帶笑容、輕柔細語、友善關懷的醫護人員會令她心情舒暢。她相信「提醒」比起「責備」對病人行為的改變會更有效。

經歷生死後，何太洗血已有十年了。在她心裡，這十年是上天額外給予的，讓她可以照顧兩名子女長大成人。今天子女已經成長，可以獨立，自己的責任已完成。目前健康，她感覺現在活著的每一天都是白白賺回來的，她開心地過每一天的生活！

科技的幫助

未退休前，清姐任職於護老院，工作繁忙，口渴了也忘記喝水。放工回家，她最享受的是一罐冰凍的可樂。因此她慢慢養成了飲可樂的習慣，一天常會喝上兩、三罐。這習慣維持了十多年之久。後來患上糖尿病，她相信是和自己這個習慣有關，心中有點自責。患有糖尿病之後，知道要控制飲食，可是她還是控制不了，因為她喜歡甜食，內心常有矛盾和自責。

清姐年紀漸大，開始覺得工作有點力不從心，她在五十五歲提早退休，希望從工作的壓力中退下來。誰知剛剛退休，患上感冒，吃了一點成藥，身體出現嚴重的藥物敏感反應，需要用上高劑量的類固醇治療，血糖亦因此難以受控，清姐的身體自此每況愈下，百病叢生。

沒想到，清姐在退休後，壓力卻沒有減退。因為，自己身體不適的同時，父母亦病重了，她需要照顧父母，奔波勞碌，恍如活在戰場中。在退休後五年，清姐的腎功能也到了末期，需要洗腎。

清姐對洗腎的感覺是：「生活身經百戰，也曾經歷無數的苦痛，洗血不算是甚麼的一回事！」她淡然地接受洗腎！

開始洗血，清姐卻同時糖尿病上眼，視力漸漸地下降。有一次，她因為發燒，需要入院治療。第二天早上醒來天還未亮，她閉上眼睛繼續睡，再醒來時天卻還是暗的。她很疑惑：「怎麼遲遲天還未亮？」於是問鄰床的病人是甚麼時間，才知道時候已不早，天色確實已亮，只是她失去了視力。自此，她眼前的一切都是灰暗和模糊的，只能看到移動的人影。她失去視力，內心難受。

有視障的清姐，只能靠丈夫推著輪椅到中心洗血。每逢星期二、四、六的下午她均會在中心出現，她告訴自己：「就當作回學校上課，一星期三天。最開心是星期六，因為接著可以放假兩天！」洗血期間，她靜靜地聽著收音機，度過四小時的治療時間。

每次洗血，清姐最難接受的是插針入血管這個程序。她害怕：「自己的血管太幼，護士很難插針。很多時要嘗試幾次才能成功，插針好痛，心中好大壓力！」

後來中心引入「超聲波儀器」協助護士處理插針程序。儀器能夠顯露潛藏著的血管，讓護士準確地將針插入血管。這實在是清姐的福音，她十分感恩中心添置了超聲波儀器，減少了她所承受的痛楚和壓力。此外，她更感激護士詳細的解釋，免除自己的擔心和恐懼，讓她安心。

失明後的清姐生活靜了下來，她再不能「打麻雀」和「煲電視劇」，減少了原有的人生樂趣。幸好丈夫對他照顧周到，體貼入微；閒時會推著輪椅陪伴她逛商場，讓她感受熱鬧的氣氛。她亦與幸自己有一班重感情的舊同事，離開職場十多年後，依然每月有飲茶聚會，她珍惜那份人與人之間的感情。

經歷生命的風浪，清姐淡然面對人生。在生命中她唯一的盼望是：「在未來的日子，家人和好友可以繼續陪伴自己，度過餘生！」

壓力煲

五十歲的薇薇文靜優雅，從外表看不出她曾經有一段曲折的治療經歷。在治療路上，她幾經波折，換腎後曾多次進出手術室，接受大小手術。更曾經因為嚴重的併發症，進入昏迷狀態，要在深切治療部接受治療，那一次，她與死神擦肩而過。

康復後，薇薇身體已經大不如前，同時亦開始洗血治療。她卸下原本的教學工作，專心照顧身體；不用工作，也不需要為洗血的時間安排而煩惱。

原本的雙職家庭，現在只靠丈夫的收入去維持一家四口的生活支出。為了減輕經濟負擔，薇薇辭退了服務多年的家庭傭工。她毅然承擔起家務工作：一日三餐、清潔打掃、洗燙衣物，發覺原來家務工作也不輕易。

生活模式的轉變、家務的繁瑣、體力的減退、治療的需要，面對種種壓力，薇薇在不知不覺中出現轉變。一向沉默的她變得經常易怒，對子女斥責、對鄰里投訴、對周圍的事情不滿、與身邊的人多了衝突。

這一天，為著女兒一個小過錯，她失控地大聲尖叫起來。過後，她驚訝自己那突然的失控和失態，心想：「自己怎麼會如此的焦燥不安？容不下一點雞毛蒜皮的小事？」及後她察覺到自己內裡有很大壓力，恍如承受著高壓的「壓力煲」，需要找出口去宣洩。

自此之後，她學習鬆弛和放鬆，在生活上也作出調整，並且尋找兼職清潔人員協助家務，減低工作量。漸漸地，她開始對周邊的人、事、物多一點包容。

薇薇在中心洗血時偶而會要求在早上治療，讓她騰出下午的時間安排晚餐，與家人共進晚膳。護士見薇薇著重洗血時間的安排，而且還有工作能力，於是鼓勵她接受家居洗血，認為這樣可以讓她靈活調配時間。若薇薇有需要工作的話，也容易安排時間去配合。護士向她解釋：「家居洗血的時間靈活，可以在晚間進行，騰出日間的時間。而且在家居洗血還可以有其他好處……」

薇薇明白家居洗血的好處，只是，這些年來，自己的病情給家人帶來太多憂慮和壓力，心中滿有歉意，她常對自己說：「在能力範圍內，要對家人好一點，不要給大家帶來壓力，以作彌補。」

她擔心在家洗血會為家人帶來壓力，影響丈夫和兒女休息；特別在晚間，那是大家忙完一整天需要好好休息的時間。思前想後，為了有一個讓家人放鬆休息的環境，以便各人有充足精神應付工作和學業，薇薇決定不接受護士的建議。

沒想到，這個決定竟為自己帶來壓力！薇薇一向不懂得拒絕別人；更害怕拒絕護士，怕被誤會自己是一個不合作的病人。她有太多不必要的顧慮，以至每一次回中心洗血都滿有壓力，恐怕護士問她時不知如何回應。

有了之前一次「壓力煲」的經驗，她感覺到內心的壓力正在積聚，需要解決問題，避免再次情緒失控。終於，與丈夫商量過後，決定由丈夫作為「代言人」向護士表達薇薇的意願。事情最後得到解決，薇薇不用受事件困擾，及時舒緩了她的情緒危機。

長壽

游婆婆已經九十五歲了，回顧一生，她經歷貧窮、戰爭、照顧一家八口的衣食住行，生活艱苦。後來子女長大，各有成就，自己的責任總算完成，她感到安樂。

游婆婆在六十多歲開始有高血壓，七十六歲的時候因為身體不適而發現有末期腎衰竭，開始了洗腎治療，至今洗血已經十九年。

在洗血中心，游婆婆的年紀最大卻很健康，絕少需要入院治療。雖然年紀大，又有腎病，但身體狀況十分良好，洗血治療也很穩定，很少出現問題。

游婆婆是一個專心聽書的好學生。在最初開始洗血的時候，護士向她解釋甚麼是洗血，她深深記得護士說：「洗血是將血液過濾，將毒素清除。要洗得清潔，就要盡量將『血流量』調校至最快，提升洗血的效果。」從此，護士每一次替她「開機洗血」時，她總會在護士接駁洗血機後問：「有沒有將『血流量』調校得快一點？」恐怕護士會忘記似的。其實她的出發點是要確保有最快的血流量，藉以得到最佳的洗血成效，游婆婆就是如此的著緊自己的身體狀態。

除了有效的洗血之外，游婆婆相信自己能夠保持身體健康，是因為這三個生活習慣：足夠營養、每天運動、心境平靜。

她每餐都會吃得飽足，相信身體要有足夠營養才能維持健康，供給每天的勞動。她年輕時每餐吃兩碗白飯，現在勞動減少了，每餐依然會吃一碗半飯。年紀老了，牙齒脫落，吃也成了問題。在常人眼中的廉價食物：腐乳、鹹蛋、鹹魚、梅菜、還有烚得軟綿綿的蔬菜卻是她的最愛。她記著營養師的忠告：「鹽份高的食物是腎病患者的禁忌！」所以她飲食很有節制，太鹹的食物只會吃少量。游婆婆滿有智慧的表示：「患有腎病，飲食就需要在『喜愛』與『節制』之間平衡」。在日常飲食中，適量的蛋白質、低鉀、低磷飲食，她都能夠控制得宜，讓身體維持在良好的狀態。

游婆婆做運動的習慣是由二十多年前開始，當時因為腰骨痛，醫生說運動是最佳良藥。自此，她開始了每天運動的習慣，維持到今天。她選擇做自己所喜愛的運動，年輕時還可以行山；現在年紀大了，就在設有運動器械的屋苑平台拉拉筋、活動關節、緩步跑。她每天早上和下午都會做個多小時的運動，運動給她的感覺是：「運動後筋骨可以舒展，全身被按摩的感覺！」運動後帶來的舒適感，讓她愛上運動，這也是她能夠堅持做運動的原因。

以前她擔憂了一輩子，活到一把年紀後才發覺：「原來以前所有擔心的事情都沒有發生！怎麼會那麼傻？」再想深一層，擔心其實對事情毫無幫助，只會影響心情，她提醒自己要小心提防「擔心」這個「壞習慣」。現在她更相信「船到橋頭自然直」，「兒孫自有兒孫福」。她放下憂慮，內心平靜。

年紀老邁，行動緩慢，游婆婆身旁會有家傭陪伴出入，在上落交通工具時得到適切照顧。有家傭照顧，家務和三餐的安排也不用煩憂。兒女各有家室，事業有成，生活安定，她老懷安慰！

每逢年節，游婆婆會出席一家人的餐聚，兒孫濟濟一堂，開心熱鬧。只是年紀大了，體力不如住日，她其實更喜歡靜下來，可以休息，享受一個人獨處的時間。

最近的一段日子，隨著身體老化，精神和體力已經不如住日，她容易疲倦。洗血之後疲累減覺更甚，只想躺下休息；在洗血的日子，已經提不起勁去做運動了。

游婆婆知道自己身體隨著年紀而日漸衰退，亦明白到「生老病死」是自然不過的事！在未來日子，她希望身體不用受痛苦折騰；至於死亡，她淡然面對，但願：「自己不要對子女構成負擔，那就一生無憾。」

結語

在定期常規的洗血生活中，一些患者安於現狀，視洗血為生活的一部份；部份患者則活在換腎的盼望當中，希望幸運之神降臨，早日換腎；也有一些患者隨遇而安，抱著隨緣心態，能換腎當然好，沒有也不要緊；更有年長者主動退出排隊換腎的行列，將機會讓給有前途的年輕人。不過，大家都抱著一個共同心願：希望無風無浪地完成每一次的洗血過程。

第七章　在家洗血

在洗血過程中，血液在機器上不斷循環，望著喉管內的血液流動，會令人覺得那是一個很高危的程序。要在家中由患者親自洗血，實在有點匪夷所思。偏偏有一班朋友，因為不同原因，願意接受在家洗血的挑戰。他們勇敢、不畏艱難、承擔起「洗血自我照顧」的責任，數以年計，到底是甚麼推動力驅使這班朋友接受家居洗血？

出路

這一天，阿東臉上展露出難得一見的笑容，原因是他可以回家了，開始在家接受長期家居洗血治療！

阿東有一份穩定的工作，每月為他帶來僅足以糊口的收入，總算可以應付一家四口的基本需要。生活不算豐盛但安定，太太則留在家中照顧家庭和兒女。

原本的小康之家，卻在一年多前被打碎了。因為阿東患有腎病，需要定期洗血。每次回醫院，他都需要請病假。隨著時間的累積，可以使用的病假已經超出公司的限額，不能再申請了。要繼續洗血，恐怕會失去工作，他陷入困難的境地。需要治療，同時需要工作，不知如何配合，令他煩惱不已。

當知道自己可以在家中洗血時，阿東十分高興，那正正是他所需要的解決方法！因為在家洗血的時間較靈活，他可以安排放工後洗血，不必請假。這樣就可以繼續工作，養活一家。

阿東一家四口住在四百平方呎的公營房屋，在如此狹小的空間，還要安放洗血機、濾水機、和各類洗血物品，實在是很大挑戰。阿東想出很多辦法：使用折疊式的家俬，靈活使用空間；利用層架向高空發展，有系統地擺放物品，以善用每一吋的空間。他積極地解決空間問題，護士對他的創意也十分讚賞。

面對學習洗血的自我照顧過程，有一定程度的壓力和挑戰。不過，阿東在清晰的目標和心理準備之下，正面積極地學習，一切也顯得「不是想像中的困難！」

經過繁複的學習過程，終於能夠回家洗血了！阿東可以安心在家洗血，亦不用擔心失去工作。他內心充滿喜悅，自信找到出路。

快樂宅男

「我以前很肥胖，體重二百磅。身體問題多多：有血壓高、糖尿病、腎石、痛風、脂肪肝、胰臟炎，還做了二十多次腹部手術，險些兒失去性命！膽割了，一部份腸也切除了，現在肚皮還留下人工造口！今天還可以生存，真的是撿回來的。」六十歲的查理述說著自己的狀況，他繼續說：「以前做生意，應酬多，煙酒不離！這二十多年，其實是用自己的健康去換取金錢，代價不少呀！」他深深體會聖經滿有智慧的一句：「人若賺得全世界，卻賠上自己的生命，到底有甚麼益處呢？人還能拿甚麼換生命呢？」

曾經走過死亡邊緣，他告訴自己：「現在要好好對待自己，愛惜身體。」他重整自己的生活習慣：飲食均衡、睡眠充足、適量運動、避免過勞、遠離煙酒、保持心境開朗等等，讓自己生活得健康。

知道接近末期腎衰竭，查理從各方面搜尋資料，希望找到最好的治療方法。他得出的結論是：「在家洗血的治療效果最理想。」因此他選擇了家居洗血。

在學習洗血的過程中，查理面對各種問題。最大的困難是血管狀況不理想，他要自己插針入血管，實在是一個很大的挑戰。他尋找輔助插針的方法，他那積極、投入、用心的態度深受醫護人員的欣賞。

問題總有解決方法，他終於訓練成功，可以回家了。感覺既喜且憂，因為自己要承擔起洗血的責任，他懷著戰戰兢兢的心情開始在家洗血。

轉眼間，半年過去，身體和精神狀況有所改善，而且對家居洗血總算適應過來。半年的體驗，他覺得家居洗血是「好壞參半」。

他最喜歡可以留在寬敞舒適的家，喜愛那自由自在、無拘束的感覺！退休的他，時間充裕，在日間洗血，可以享受家中的影音設備，或看書，或上網，或處理一些文書工作，或享受家傭煮的食物。家中的物品安排和擺設是如此的讓他隨手可得。對於著重私人空間的他，在家讓他覺得不受干擾，也不怕會干擾到別人，可謂輕鬆自在。

查理也喜愛在家洗血時間自由，不用受到洗血中心的指定時間所限制，他可以靈活調配洗血時間，配合自己的活動及生活作息。

過往需要嚴謹節制飲食，查理不會在街外飲食。家居洗血讓他在飲食方面的規限放寬鬆了，現在他會去酒樓飲早茶和吃晚飯，生活上多了一點情趣。飲食的寬鬆，讓他可以吃得更多、更自由。在家洗血還可以節省了往返洗血中心的交通時間和費用……他數算著在家洗血的好處。

只是，回家洗血也要付出代價。查理要付擔治療程序的責任，準備儀器和物品去啓動機器、獨自處理治療期間的問題、關機後的清潔等等。不過這一切並沒有難倒查理。比較困擾的反而是心理上的問題，每次開始洗血時，他都會有壓力，恐怕插針入血管會失敗，擔心不能順利洗血。

另一方面，雖然查理能夠獨立處理洗血程序，只是在洗血期間，他需要一位家人作為「協助者」，在必要時協助。這樣佔用家人的時間，他感到有點愧疚。

半年過去，查理輕鬆地說：「一切總算順利，有問題也得到解決。」。六十年人生，經歷風風雨雨，也曾到過世界各地闖蕩，現在只希望平靜地生活。朋友來往少了，現在享受的是與家人相處的時間，珍惜的是家庭生活。他笑著說：「對外面的世界已經沒有興趣，現在喜歡做一個『宅男』。」

新希望

紅姐已經好一段日子顯得悶悶不樂，因為與她共處九年的移植腎受到排斥。醫生告訴紅姐說：「要有準備回復洗血治療！」

失去腎臟移植帶來的自由，紅姐無疑有所失落。但更困擾的，是換腎前那一段洗血日子留下的陰影，讓她很害怕。

在換腎之前，紅姐已洗血五年，當時她一星期洗血兩次。她回憶：「那段日子，我要嚴格控制飲食，吃水果過多的話，會引至鉀質過高，有生命危險。每次洗完血離開醫院時都覺得頭暈虛脫，隔兩天再回醫院洗血時又全身沉重乏力，這種情況不斷交替。還有我的血壓很難控制，又有貧血，時常覺得不舒服。」

這一天在腎科中心的長廊等候覆診之際，看見壁報板上的新資訊，她眼前一亮：「家居洗血的好處：減少飲食限制、改善血壓和貧血、提升活力、改善生活質素……」那正切合自己的需要，紅姐心中燃點起新希望！當移植腎失效的時候，她毫不猶疑地選擇了家居洗血。

雖然要接受家居洗血會有難度，但難不倒有決心的紅姐。在學習的過程中，她覺得最大的挑戰是要自己插針入血管這一環。她描述自己成功超越這一關的過程：「要用針插入自己的血管，是需要超越心理關口的，在這之後，就可以建立足夠的信心。經過多次反覆練習，我終於可以掌握插針技巧，現在有把握自己洗血。」對自己插針滿有把握之後，她有感而發的表示：「現在，我寧願自己插針也不想護士替我插針，因為自己可以直接與身體溝通，這一點護士是不能做到的！」

紅姐回家洗血已經九年，相對於換腎前洗血的日子，她的身體狀況理想得多了。更讓她滿意的是生活質素上的改善：「我仍舊在飲食方面會密切控制，但有時去飲宴和旅行時吃得過量，那麼我會調配洗血時間，以減低身體不適的情況出現。相對於以前洗血的時候，現在多了一點自主權。」由於家居洗血清除身體毒素的效率高，倘若她吃得不足夠的話，身體亦有反應，給她提示要多吃一點東西，她喜歡那種獨立自主的感覺。

飲食限制寬鬆了，一日三餐的菜譜也多了變化，丈夫和兒子也不用再陪自己吃淡而無味的食物，一家人多了生活上的樂趣。

在打風下雨的日子，紅姐更感恩可以不用冒著風雨回中心洗血，在家治療感覺得特別舒適和幸福。即使是平日，她也覺得可以避免舟車勞頓，實在太好了。特別是在洗血後有頭暈不適的時候，乘車倍感辛苦。

只是，紅姐在家洗血的責任，需要丈夫協助。而且，她在晚間洗血，睡在旁的丈夫初期也感到壓力，另外會因機器運作的聲音影響睡眠。不過，在一段日子後丈夫總算都適應了。

紅姐每一次開機洗血，都總要求一定成功，所以在家洗血多年她依然感到有壓力。她對自己太嚴謹，不容許自己做得不夠完美，她明白這份壓力是自己的性格所致。

回顧在家洗血這九年裡，其實出現問題的機會甚少，她亦明白萬一出現問題時，會有醫院和護士的支援，一切都是安全的。

肯定支持

張太在換腎八年後，移植腎受到排斥。腎功能急速衰退，身體狀況有些不穩定，人也顯得虛弱。將近六十歲的她一向的性格都是見步行步，隨遇而安，所以能夠以平常心面對逆境。要再度洗血，她淡然面對。

張太的女兒任職護士，在張太洗血一段日子之後，女兒建議媽媽選擇家居洗血，因為她清楚知道家居洗血能夠提升醫療成效，令身體狀況得到進一步的改善。張太懷著即管一試的心情，接受女兒的建議，參加了家居洗血計劃。

少年時代的張太經歷艱苦歲月的磨練，鍛鍊出她獨立自信、堅毅和刻苦耐勞的性格，大家對她的學習能力滿有信心。於是張太開始上課，初步從簡易的程序開始，學習準備洗血儀器的步驟。

只可惜，經過十多星期的訓練，張太的學習進度停滯不前，令人開始懷疑是否她的學習能力不逮。只有張太自己知道，她對家居洗血其實是猶豫不決的。她心底裡的想法是：「我可以接受家居洗血，但仍有些猶豫，因為害怕那會為丈夫和女兒帶來精神壓力和生活上的麻煩。」她內心充滿矛盾，因此沒有認真學習，暗中希望能夠拖延，不要太快畢業回家。

後來得到丈夫和女兒一再肯定支持，讓張太下定決心，認真學習。從此，張太的學習進度亦有明顯的轉變，學習效率的提升令人出乎意表。不用花太多時間，她終於完成訓練課程，可以畢業回家。張太滿有成就感，一方面肯定了自己的能力，另一方面增加了在治療上的認識。對於護士的關懷、教導和鼓勵，還有家人的支持，她無言感激。

在家居洗血半年之後，一天張太偶然在街上遇見久違的朋友，受到朋友的讚賞：「膚色變白了，往日的瘀黑消失，樣子也變得美麗呢。」讓她開心快樂了好一段時間。她的胃口亦有改善，體重也回復往日正常的指標，整個人充滿活力、精神煥發。

只爭朝夕

五十歲的愛美一星期要工作五天，還要做家務，加上種種生活上的瑣碎事要處理，每一天都在和時間競賽，生活節奏急速。當她知道需要洗血時，實在不能肯定自己能否額外擠出時間去接受一星期三次的洗血治療。

時間對愛美來說是如此的寶貴，她心想：「可以有方法去『賺回』一點時間嗎？」當知道家居洗血可以利用晚上睡覺時治療，她主動地選擇了家居洗血，節省在日間洗血的時間。

有著清晰目標和決心，愛美覺得學習過程還算可以接受，也不感到太大的壓力，總算順利地完成訓練課程，開始回家洗血。

愛美和大部份人一樣，日常總是活在擔心憂慮中。開始在家洗血那一刻，她感到很大壓力，因為一切責任都會落在自己身上。她開始有無數的擔憂：擔心插針入血管會失敗、擔心機器失靈、擔心會有意外而失血、擔心會死亡。那種對家居洗血的擔心和恐懼維持了半年，期間她所擔心的事情其實從沒有出現過。她發覺：「原來自己的擔心是沒有必要的，真的不用活在那種負面情緒當中。」隨著時間過去，她亦適應了洗血的每個步驟，壓力亦隨之而減退。

回家洗血已五年了，愛美已經適應在晚上洗血期間入睡。在節省時間之餘，她最開心的是得到額外的好處，那就是不用嚴謹戒口，可以吃得寬鬆，能夠享受自己喜愛的食物，愛美面上展露出滿足的笑容。

配合作息

許先生的工作雖說是朝九晚五，但他的行業是沒有準時放工的規矩，每天都難以預計會甚麼時候放工。雖然有時候也會提早放工，但實則超時的機會較多。

患有多囊性腎病，他在五十五歲時就要面對洗血的命運。在顧慮到工作需要，他相信家居洗血會更適合自己的情況。

許先生專心地聽著護士解說：「要回家洗血，首先要能夠獨立處理洗血程序，一般需要先接受大約十二個星期的訓練：學習自己插針、操作洗血機、處理洗血期間的問題，還有……」聽完護士介紹家居洗血的先決條件，許先生沒有猶疑，從容地表示會接受家居洗血的挑戰。

開始學習，他一星期三天回醫院的腎科中心，專心地學習。對大部份人來說，插針入自己的血管是最大的困難，但許先生卻不覺得有壓力。了解之下，原來他在五年前曾經患上鼻咽癌，他表示：「相對於當時所接受的電療，和今天還存在的後遺症，家居洗血已經是很舒服了！」訓練過程難不倒他，他順利完成訓練，並開始了在家洗血。

為了配合自己的喜好，他選擇在放工後的黃昏時段洗血，治療完畢後才入睡，往往到上床的時間已經是深夜。因此，放工後他爭取在第一時間開機，幸好有太太助他一臂之力，協助洗血前的準備工夫，讓他爭取多一點睡眠時間。完成治療後，他可以好好的一覺睡到天明。

許先生感恩得到醫護人員和太太的協助，讓他能夠順利回家洗血。他平穩渡過適應期，在家治療已經三年多了，一切總算順利。

人生樂趣

小雲雖然身體受著先天性不健全的影響，但在父母的悉心照顧之下，仍然可以快樂地成長。成年後，她已經習慣了每天自己照顧身體上的特別需要，不依賴他人。她有著一份安定的工作、活躍的社交圈子、良好的人際關係。她活潑、開朗、喜樂地過每一天。

身體結構受到先天性的影響，小雲有腎盂積水的問題，後來引至腎衰竭。在二十多歲的時候，她需要接受洗血治療。

記得開始在醫院接受一星期兩次的洗血治療時，小雲面對一個新挑戰，因為每次接受洗血的時候，她都承受著抽筋的痛苦。護士解釋說：「如果吃的食物太濃味或者太鹹，會令人口渴，在不知不覺中多飲水。身體積聚了三天所喝的水，假若是大量水分的話，要在短短數小時的洗血期間清除，這是容易會引起抽筋的。」護士繼續說：「如果要洗血穩定和沒有問題，最重要的是平時要嚴格地控制飲食。除了減少進食鹽份高的食物之外，還要減少磷質和鉀質高的食物，例如磷質高的食物：豆類、奶類、魚、貝殼類、內臟、乾果；鉀質高的食物：濃茶、咖啡、菜湯、香蕉……」

聽到這個訊息，小雲很沮喪，因為飲食是她的人生樂趣。她享受美食，海鮮更是她的至愛，如此一來她失去了人生一大樂趣，生活情趣大打折扣。小雲有感而發地說：「眼看著大家享受鮮蝦、生蠔之類的食物，自己卻不能盡情享受，水也不能多喝，生活很沒有情趣呢。」

小雲決定轉換洗血治療模式，由在中心洗血轉作家居洗血，她願意接受一切的挑戰和壓力。媽媽聽見小雲的心聲，樂意支持她的決定，更成了小雲在家洗血的協助者。小雲年輕、聰明伶俐，學習家居洗血沒有難度，回家接受治療的過程很順利。

轉眼回家洗血已經六年，小雲十分喜愛家居洗血，她滿足地說：「吃得好，睡得好，出街吃飯點菜不用遷就自己，大家可以一起吃海鮮！」

小雲的另一人生樂趣是旅行，她喜歡到世界各地看美麗的風景。家居洗血讓她可以在時間上靈活調配，她喜歡去日本和台灣作短程旅行；有時候亦會去較遠的地方，只要預先安排好當地的洗血服務便可以了。

雖然要面對洗血，在家治療讓她增加了在飲食方面的自由，和旅行的機會。她依然可以享受生活中的樂趣，小雲感覺自己還是很幸福的。

結語

家居洗血對患者有多一點在責任和能力上的要求，不過也帶來各種好處：時間上有靈活性；解決工作不能配合治療時間的困境；有較高的治療成效；提高生活質素等等。在腎病患者當中，有人欣然接受，亦有人抗拒。家居洗血這個治療模式給患者提供了多一項選擇，讓他們在洗血治療上，選擇最適合自己的治療方案。

第八章　換腎後

換腎是絕大部份腎病患者的希望，在等候換腎、成功換腎、和換腎失效的各種情況下，患者都會受複雜的情緒所牽動：排隊等候的盼望、等候結果的忐忑不安、機會落選的失望、得到換腎機會的興奮、為移植腎的情況而擔心憂慮、換腎失效帶來的悲哀失落等等。從以下幾位換腎朋友的經歷，可讓讀者對換腎者的心路歷程有更深入的了解。

平常心

波叔年輕時就患上末期腎衰竭，他在腎科中心出入已經長達三十三年之久。在這段

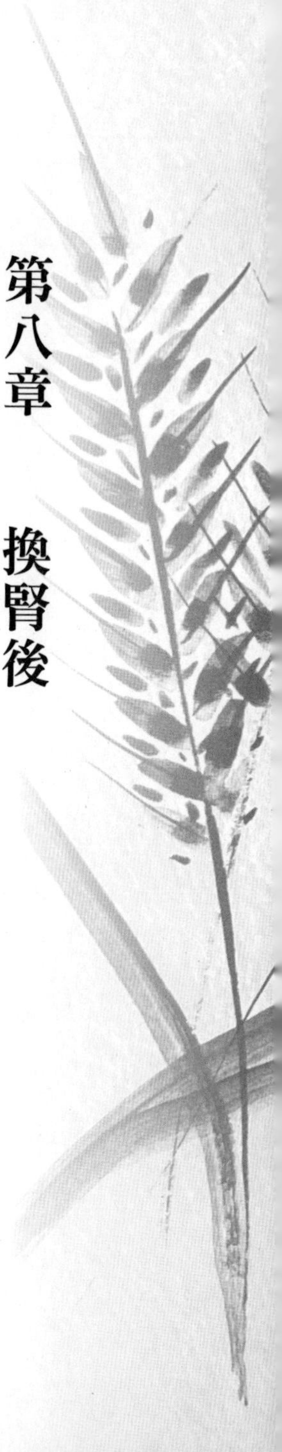

漫長的日子裡，中心的醫護人員成了他相識已久的老朋友，更見證著中心員工的各種人生歷程；他也認識了一班同樣患有腎衰竭的朋友，可惜的是部份早年的相識已經不在人間，讓他感慨萬分。

波叔換腎已經三十年，身體狀況良好。不過在最初患病的日子，治療路上卻十分崎嶇。初患病的時候，他一面洗肚一面做著運輸的工作，短短數個月後，腹膜出現問題，他需要轉用洗血治療，感覺腎病十分麻煩。洗血不到半年，換腎的機會出現，有善心人捐出的腎臟與他的身體吻合，他接受了移植手術。在短短的一年時間，他面對洗肚、洗血、換腎三種經歷。不過波叔還是很高興，因為不夠一年已經可以有機會換腎，他覺得自己很幸運。

可惜，換腎手術後，移植腎出現了問題，他需要留在醫院一段長日子。醫生用盡方法，依然無法將問題解決。在換腎兩個月之後，他不得不接受另一次手術，將移植腎割除，回復洗血治療。

波叔的情緒大受打擊，一方面身體受盡煎熬；另一方面，自己是一家之主，肩負著一家四口的生活擔子，太長時間不能工作，家中生計亦出現問題。他覺得怎麼一切都這麼不順利？以為幸運地可以換腎，卻又以失敗收場，他真正體會生命的無常，感到無奈。

在傷心失落與無奈的境況中，波叔讓時間慢慢為自己療傷。同時得助於醫院院牧的心理輔導，他的心情漸漸地平服下來，在沒有辦法中接受生命的起跌。家中的兩名兒女是他的精神支柱，加上生活上的經濟需要，波叔回復正常的生活！工作、洗血，他正面地過每一天，重拾往日的開朗和笑容。

兩年後，波叔有第二次換腎機會。他一方面高興，但過往經歷讓他對「生命無常」有深刻的體會，他知道要以平常心面對。他提醒自己：「無論事情進展如何，要接受所發生的一切。」波叔亦相信上天自有安排，他將生命的一切交托上天。

第二次換腎手術後，懷著平常心，波叔以放鬆的心情面對換腎後的狀況，並且好好照顧身體。在往後的日子，他平安地度過三十個年頭，移植腎狀況安好，功能正常。他感恩在生命中居然有第二次換腎機會的出現，讓他如常人一般的生活和工作！

波叔已經六十七歲，除了定期覆診和服用抗排斥藥外，日常生活與常人無異，身體也壯健。工作了四十多年，兒女成長，人生的責任完成。他從工作崗位退下，以弄孫兒為樂，與老伴和兒孫過著輕鬆寫意的日子！

甘於平淡

大偉文靜內向，洗血三年後，在三十五歲的時候第一次換腎。得到換腎機會，讓他回復從前健康快樂的日子。他有著無比的興奮，與平日嚴肅沉默相比，他判若兩人。好境不常，換腎還不到一年，移植腎失效，大偉彷彿墮入深淵，情緒低落到極點，他傷痛、失落，難以言喻。

移植腎失效，大偉回復往日洗血的日子治療，隨著時間的過去，他的情緒平復過來，只是他變得更加沉默寡言。

兩年過去，一天晚上，大偉接到醫院的來電，囑咐他回醫院接受另一次的換腎手術。那一刻，他愕然，心想：「又有換腎機會？」自己剛從上一次換腎失效當中回復過來，這麼快？他有點不相信。不過冷靜下來，相信這是另一次機會，畢竟換腎後會帶來自由的生活，大偉重新燃點希望。他為幸運之神再次降臨感到欣慰，但有了之前移植腎失效的經驗，亦同時有點憂慮，心情複雜。

第二次換腎後，一切順利，大偉的身體狀況十分良好，只是他並沒有太大的喜悅。大偉的腦海中常出現換腎失效的陰影，因而少了歡樂，取而代之的是擔心，他擔心移植腎不知會在甚麼時候失效。

每次回醫院覆診，大偉的血壓會異常的高，因為他擔心聽到移植腎不好的消息。他十分關注自己的驗血報告，過度的關注令他不能放鬆下來。其實在關注的背後，更多的是害怕。他害怕驗血報告異常；害怕腎功能轉差；害怕醫生會告訴他壞消息。

大偉沒有好好去享受換腎帶來的自由生活，反而整日擔憂移植腎會不會失效。他每天緊張地觀察自己的身體狀況，時刻擔心有沒有排斥的現象出現，他失去了信心，活在杯弓蛇影之中！

不知道是天意，還是巧合，或是有別的原因，大偉的移植腎亦在短短兩年後失效。他為再次失去移植腎而悲傷失落，但也同時不用再為移植腎擔心。

可以換腎固然令人欣喜若狂，但移植也伴隨著各種心理壓力，例如移植後腎功能的不確定性、移植腎會否受到排斥，或感染問題等等。對於大偉，兩次換腎的經歷為他帶來很大的精神壓力，特別是移植腎失效的失落和傷痛感覺。

他已經沒有勇氣再去面對多一次換腎，他害怕「失去」的傷痛，自認還沒到「也無風雨也無晴」的超然境界，他毅然退出排隊換腎的行列。四十歲的大偉選擇平淡生活，甘於在往後的日子與洗血共存！

覺醒

四十歲的小高一向視賺錢為生命唯一的目標，為了賺錢，他同一時間做著三份工作，每天都在拼搏。他的生活就等同工作，晚上睡眠不足時，日間以咖啡提神。小高為了工作食無定時，胃痛不適時便以胃藥解決，頭痛吃點止痛藥就可以繼續工作。面對工作壓力，他容許自己在飲食方面放縱，沒有節制。為了工作賺錢，他將生命中其他的一切都看得毫不重要。

直至身體出現毛病，發現血壓高之餘腎臟也有問題，他開始出現各種症狀：疲倦乏力，呼吸困難，不能工作。醫生告訴他說是末期腎衰竭，那一刻，小高聽見內心的一把聲音說：「是因為你一直以來沒有好好的愛惜自己的身體哦。」

腎病引至身體不適，令小高深深感受到「失去方知可貴。」那一刻他才明白健康的重要。在經歷患病之際，他更驚覺身邊不少朋友踏入中年已經百病叢生，甚至因為疾病而離世，他體會到一個健康的身體是何等的寶貴。

洗腎雖然讓身體有改善，卻帶來不便。幸運的小高在洗腎不久後得到機會換腎，他明白到這個移植腎對自己多重要，讓他可以過常人的生活，不用受洗腎的限制。

換腎後小高重拾健康，覺悟到生命中除了金錢以外還有其他同樣重要的東西。他明白到過往的生活模式不健康，需要調整。同時不再追逐金錢，生活節奏也減慢下來。他學懂了要珍惜得來不易的健康。回顧自己的經歷，小高深感「塞翁失馬，焉知非福。」

他放下過往的三份工作，只希望找到一份壓力不大、工作定時、收入穩定的工作；只要賺夠基本生活開支已經滿足。終於他找到一份大機構的運輸工作，朝九晚五，配合到自己的各種要求。為此，小高深感滿足，感恩上天成就了他，給予這份工作。

工作之餘，小高開始享受生活，尋回往日被忽略了的生命重點：家庭、親人、朋友、自由、生活樂趣等等。他輕鬆地生活，一次去澳洲旅行，感受到世界之大、自然之美、見識不同的生活文化，讓他眼界大開，視野為之擴闊，令他豁然開朗！他深深感受讀萬卷書不如行萬里路，從此對旅行產生了興趣，到各地旅遊也成為他生活的一部份。

小高知道今天的幸福，實在有恩於在自己體內的移植腎。他相信這個移植腎就恍如是一個「電池」，是有壽命和最終會有完結的一天，所以會珍惜當下健康快樂的日子。他更相信只要自己好好保養這個電池，它的壽命是可以延長的。

小高有一個很強的信念，他相信在自己身上的移植腎是一個有意識的生命體，所以每一天會與移植腎對話。每天早晚他多謝、讚美、問候、及祝福移植腎！並安撫移植腎，恍如一個媽媽對自己的嬰兒一般的疼愛！移植腎是為他效勞，讓他可以回復正常的生活，對於這個腎，他滿有感恩。

踏入六十歲，小高不在乎生命的長短，只要好好活著每一天已足夠。換腎已經二十年了，移植腎的功能沒有減退，他的身體亦與常人無異。小高感恩移植腎，祈願它的壽命能夠延續，自己可以自由快樂地過日子。

新開始

知道需要洗腎那一刻，小楊發呆了。他內心不斷在問：「怎麼沒有人告訴我血壓高會引致腎衰竭？怎麼沒有人告訴我如何去預防？怎可能是事實？怎可能接受？」他一向自以為年輕，身體強壯，健康是理所當然的。沒想到還未到四十歲就要洗腎，那對小楊來說，是一個極大的衝擊！

開始洗腎，在治療上也不太順利，小楊經歷著洗肚和洗血上的各種問題，加上洗腎帶來生活上的限制，他強烈地渴望能夠換腎，擺脫洗腎的枷鎖。在那段日子，他人生最大的希望便是換腎，他夢想著自己有成功換腎的一天，甚至覺得付上代價也是值得的。

兩年後他終於得到換腎的機會，心想事成，他開心不已。換腎後身體狀況確實大有改善，這讓他深深體會到生命中，最重要的還是身體健康。若失去健康，他相信在病床上吃鮑參翅肚也沒有味道；清風、藍天、白雲也沒有機會享受。

當他靜下來的時候，腦海中常想起自己走過的日子：患病前放縱飲食、不愛惜身體的生活模式、知道患腎病那一刻的衝擊、治療過程中出現的問題、換腎帶來重拾健康的喜樂。得到敲醒似的，小楊對自己說：「要重整生活模式，保持身體健康。」

經歷過失去健康的日子，小楊每天早上告訴自己：「今天的健康是賺回來的，要珍惜。要快樂地生活、開心過這一天。」懷著快樂生活的目標，他輕易地為自己化解不開心的情緒。他不怨天、不尤人、凡事看開和放下，人也變得樂觀及幽默。

小楊明白思想對健康的影響，他常注意出現在身邊的人，避免與一些傳遞負面訊息的朋友相處，恐怕自己在不知不覺中被潛移默化，成了帶有負面思想的人，從而影響自己的情緒和健康。

要節制飲食，對小楊來說是一種挑戰，特別是一些糖分高和酒精飲品。他明白到「多飲無益」，為了要在「享受」與「健康」之間取得平衡，他為自己設定每星期的「限額」，避免過量而影響身體健康。

實行限額制之後，他的生活樂趣並沒有因此減少。小楊深知「有限才是珍貴」的道理，為了要好好享受限額，他將這類飲品留在一些特別時刻才享用，以增加享用「限額飲品」帶來的快感！每星期只得一罐配額的可樂，他留待行山時享受；在到達目標，最口渴的時刻才享受，那一刻的可樂為他帶來無比的舒暢！

要身體健康，運動不可少。運動型的小楊喜愛行山，日子久了，他成了一名行山專家。他雀躍地訴說著行山的一系列好處：「增加心肺功能、鍛鍊腿部肌肉、接觸大自然、呼吸新鮮空氣、紓緩壓力、改善情緒低落、磨練堅持和忍耐力、可以減肥、還可以聯誼。」

滿有活力的小楊換腎已經十四年，這些日子，他每星期盼望著星期天的來臨，那是他行山的日子。每個星期天，他神清氣爽，帶著齊全的裝備，與一班志同道合的朋友，度過愉快的一天。

結語

腎臟移植，首要是有人捐贈，到底誰會捐贈？捐贈的腎臟，又會移植到哪個合適的身體？要等待到甚麼時候？種種問題，沒有人知道答案。排隊換腎的朋友，只能默默地，等候著上天的安排。不過，在移植後，若能保持正面樂觀的心態、維持健康的生活模式，相信對移植後的狀況是一定會有幫助的。

第九章　生命的啟示

患上腎病，恍如是生命中的一重障礙，患者需要去面對和克服。由得知患病的一天開始，他們的一生就是與病痛及醫療同行，直至生命完結的一天。而每個人都帶著自己過往的人生經歷、不同的心態、信念和價值觀去面對腎病的挑戰，因而對生命產生不同的體會，甚至從經歷腎病中得到生命的啟示。

無奈

一九九〇年，香港出現移民潮，當年三十三歲的西蒙，還是單身，憑著自己在金融事業的專業資格，跟隨大勢移居到氣候宜人的澳洲雪梨。他很快找到一份在銀行的工作，而且在華人聚居的地區找到理想的居所，生活總算有滿意的安排。

初到澳洲，西蒙覺得這國家地大物博、海闊天空、藍天白雲、環境優美寧靜、空氣清新舒爽、還有理想的生活空間。這國家亦講求生活質素，沒有超時工作的文化，可以準時放工回家。一切的客觀條件是如此的美好，移居澳洲，西蒙覺得自己很幸福。

隨著日子過去，在澳洲的生活平淡下來，他感到有點寂寞；隻身在異鄉，更讓他產生思鄉之情。八年後他改變初衷，決定回流香港。回港首要面對的住屋和工作問題，西蒙都順利得到解決，他滿心歡喜。

西蒙喜歡香港的熱鬧，對這個土生土長的地方有深厚感情，重回故鄉的滋味是如此的溫馨。回流後他更覓得心愛伴侶，成家立室。西蒙享受著幸福的二人世界，放假的日子，夫妻二人更會到世界各地旅行，生活非常寫意。

然而，在幸福的日子裡，西蒙的生命出現逆轉。他感覺身體出現一些問題，只是不想去面對。既然每天依然可以工作和正常生活，也就不用去處理了。直至有一天，他感到身體嚴重不適，知道不可以再拖延才到醫院就醫。

從醫生口中，西蒙得到的消息是自己患有糖尿病，同時已到了末期腎衰竭，需要即時開始洗腎。突如其來的消息，他不能接受，頓感驚恐，無奈，後悔自己沒有早點求醫，情緒十分低落，恍如陷入深淵。

由患病開始，西蒙一直都拒絕接受現實。在洗腎的日子裡，他常問：「怎麼幸福的日子會離我而去？」他抱怨洗腎令他失去活動自由，飲食限制令他失去人生樂趣。西蒙不自覺地活在抱怨當中，生活變得不快樂。

面對腎病帶來的限制，他對生命感到無奈；對身邊事物感到抗拒。他覺得生活沒有了目標，生命好像已沒有意義可言。

沒有經濟壓力，西蒙從工作中退下來；沒有運動習慣，也提不起勁出外遊玩，他長時間留在家中。漸漸地，西蒙失去了對生命的動力，情緒亦長期陷於鬱悶當中。

十年洗腎的日子一天天的過去，西蒙的身體漸漸轉差。不知從甚麼時候開始，他不再好好照顧自己，不再理會飲食指南，不聽從太太勸戒，他放縱飲食。在後期的日子裡，因為飲食沒有節制，多次引至肺積水和鉀質過高，時常進入醫院接受治療，身體亦日漸衰退。

在生命的最後階段，西蒙慨嘆地問：「怎麼會留不住開心的日子？怎麼一切是如此的虛無飄緲？」他沒有接受「失去」的事實；內心有百般的無奈。最後，隨著他曾經擁有的一切，西蒙的生命亦一步一步的溜走，在抱憾之中告別這個世界。

關關難過關關過

同樣是一九九〇年，婚後不久的阿宜懷孕了。懷孕期間出現水腫，醫生發現她患有腎炎。阿宜尋求私家醫生診治，後來經濟條件不能應付，唯有轉往公營醫院跟進治療。

在面對疾病的同時婚姻亦觸礁，兒子還未入學就與丈夫離婚，她要獨力承擔照顧兒子的責任。在精神上她面對離婚後的孤單，還有經濟上的壓力，更要在工作的同時照顧兒子。面對苦難，阿宜卻能夠冷靜堅強地活著。

兒子八歲的時候，她開始在家洗肚；治療剛開始，卻要面臨失業，沒有了收入，生活也成問題。在生命的低谷，幸得爸媽伸出援手，接了兩人回家一起生活；得到父母在照顧及經濟上的支援，阿宜感恩萬分，深深體會父母對子女那份無條件的愛。

在漫長的洗肚歲月，阿宜平靜和樂地生活，在洗肚十年後，她得到換腎的機會。踏入生命的後半段，生活漸漸地進入佳境，兒子長大成人，事業有成，並成家立室。兒子懂得回饋，照顧媽媽；與兒媳相處融洽，阿宜感到幸福。她早已適應沒有另一半的生活，非常享受獨處的自由。雖然換腎後身體偶爾出現問題，不過她坦然接受一切狀況。

在人生的高低起伏中，阿宜能夠從容地面對逆境，是因為她相信，生命中的順境和逆境，都是一早就預定好的；她平靜地接受逆境，相信那是讓人學習和成長的磨練。上天既然給自己逆境，也會給自己力量去度過，她深信人生是沒有跨不過的難關。只要活好每一個當下，過好每一天的生活，相信自己一定可以闖得過難關。

阿宜接受生命中的好與壞，更深深地相信來自聖經的一句：「你的日子如何，你的力量也必如何！」她以平靜的心，有信心地活好每天的生活！

心滿意足

阿雄在越南出生，剛出生，越戰就爆發。到了十八歲，這場戰爭還在繼續，阿雄的爸爸很憂慮兒子會被軍隊徵召上戰場。他害怕兒子受戰火所傷害，更擔心兒子會一去不返。愛子心切，阿雄爸爸向親友籌得一筆金錢，安排阿雄逃離國家，希望兒子能夠前往一個安全的地方，過一些安定的生活。

年輕的阿雄被安排登上了一艘貨船，藏身於船倉底。他在那不見天日的密室度過了一生難忘的恐怖三十天，那是為了要保存生命而付出的代價。他隨船到了香港，得到親戚收留接濟，並且在酒樓當起廚房學徒。

越戰結束後，媽媽和弟弟亦相繼到了香港生活，這裡成了阿雄的第二故鄉。在香港生活一段日子後，阿雄前往東南亞不同的國家謀生，希望可以尋找到更好的出路。

到了台灣，他發現有糖尿病，開始接受治療。後來從台灣移居往另一個國家的時候，就沒有到醫院跟進治療，原因是當地的醫療費用昂貴。從台灣帶來的糖尿藥服完了，便自行到藥房配藥，他沒有驗血糖或作身體檢查。他對自己的身體情況一知半解，出現腳腫的現像也不知怎辦，但問題好像不算嚴重，他就沒有理會了。

在不同國家飄浮了好長的一段日子，經歷生命中的起起跌跌，二十年後，阿雄兩袖清風。鳥倦知還，他回到香港，與九十多歲的媽媽一起生活，深深感覺在家的溫馨和幸福。

沒想到在回港後的短短數月，他出現末期腎衰竭的症狀，才知道那是自己沒有好好處理糖尿病而導致的後果。阿雄萬分惆悵：「自己哪有錢醫病？生命是否到此完結？」他還想盡兒子的責任，照顧年老的媽媽，捨不得這麼快離開人世。

在香港，窮人也能得到醫治，阿雄深感身在香港的幸福。他知道了自己不必繳付昂貴的醫療費便可以洗腎，生命可以延續，他非常感恩。

經歷過戰爭及逃亡，他深知生命的寶貴，相信可以生存就是幸福。能夠照顧年老的媽媽，為媽媽煮飯，以報劬勞之恩，他滿心感激。生命得到延續，區區腎病又算得是甚麼呢？他帶著喜樂的心，滿足地度過每一天的生活。

領悟

保羅文質彬彬，隨和友善，大學畢業後取得專業資格，進入一間跨國公司工作。他盡忠職守，憑著卓越的表現，平步青雲，一步步晉升至公司的高級管理層。後來，他更被派往香港以外的地方工作，管理更大區域的業務。保羅在工作上的成就，令家人感到自豪。

保羅背後有一位賢內助，當他忙於在事業上打拼時，妻子為他悉心照顧、栽培兩名兒子。丈夫不在身邊的日子，太太卻能獨當一面，將家庭管理得頭頭是道。保羅沒有後顧之憂，全情投入工作。

在世人眼光中成功的保羅，高薪厚職、位高權重，引來不少艷羨目光。只有他自己知道，在這光輝的背後，他失去了多少？公司業務問題之繁複、人事問題之難應付、工作壓力之大，加上高處不勝寒，那種孤單寂寞，有誰明白？孑然一身在異地，沒有家庭生活，錯過兒子的成長階段，那種苦悶和失落又有誰知道？沒有生活的調劑，在這種「高壓」的生活模式中，他失去了快樂，最後也失去健康。

五十歲，保羅患上糖尿病，十年後，他有末期腎衰竭，需要洗腎。那一年，他選擇從工作崗位退下，將所有時間和精神回歸到自己身上，不再為工作奉獻。

回望前塵往事，他多渴望可以改寫自己的人生劇本，去重拾他所失去的種種。若果時光可以倒流，他會選擇一份可以應付生活開支的工作便已足夠，他更希望得到的是有「快樂」的生命。

離開了工作，開始要洗腎，在生命的轉變中，他告訴自己：「不管甚麼，要保持快樂的心境，做一個快樂人，享受當下，快樂地生活。」

即使逃不了洗腎的命運，保羅決定要在生活中尋回快樂。他享受著生活中各種的小品味：晨早的雀鳥聲、夏天的清風、冬天的太陽、黃昏的日落、一杯香濃咖啡、一首懷舊歌曲、一本好書、家中的一頓飯、晚飯後的散步、太太的陪伴、良朋的相聚……每一天他感恩知足，保羅活在喜悅、幸福的感覺當中。

遇上祂

雲姨的童年回憶就是上山砍柴、下田種菜、燒柴煮飯，以勞力換取兩餐，那是她在孤兒院的生活。她不知道父母是誰，直至十二歲，孤兒院尋找到雲姨的親生媽媽，她被接回家跟媽媽一起生活。

當時媽媽已經有了另一段婚姻，年幼的雲姨要協助媽媽處理家務和照顧三名同母異父的弟妹。「家」對她來說只有工作和責任，她感受不到半點家庭溫暖。對這個家，雲姨感到厭倦，因此她選擇到工廠工作，賺取家用，同時避開留在家的時間。那些日子，她相繼在陶瓷廠、紗廠、毛衣廠工作，每天工作十二小時。每個月尾，她將出糧的金錢交給媽媽，媽媽給她五元作下一個月的零用錢。

為了早日離開這個沒有溫暖的家，雲姨十九歲與自由戀愛的男朋友結婚，建立自己的家庭，開始人生新的一頁。新組織的家幸福美滿，丈夫亦建立起自己的事業。

只可惜，丈夫因為自己的一點過錯，加上遇人不淑，導致一手建立的生意以失敗收場。丈夫欠下龐大的債務，後來更一走了之，不知身在何處。

雲姨陷入經濟困境，更要獨力撫養三名年幼兒女。在沒有旁人幫助下，只得十歲的大兒子需要在家中照顧弟妹；而她一人則做著三份工作，每天日曬雨淋，清潔街道和倒垃圾。面對多重衝擊，雲姨只能將苦水往肚裡吞，心中的痛苦只有自己知道。

日子慢慢地過去，一天，丈夫突然出現在家的門前，他低頭認錯了。雲姨對丈夫深感憤怒，只是當她望著兒女，想到自己曾經歷盡孤兒的苦況，實在不願看見兒女沒有爸爸。她希望有一個完整的家，因此心軟下來，最終接納丈夫回家。一家團聚的日子，夫妻二人齊心合力，在路邊做著小買賣賺取金錢，將債務還清。日子雖然艱苦，但一家人總算能夠和諧地生活。

原本以為生活可以安定下來，雲姨卻開始出現嚴重的扁頭痛，是那種令她痛不欲生的頭痛。在長達數以十年的日子，她每天靠著大量的止痛劑度日，身體也日漸變差。

一天，她發覺雙腿出現水腫現象，到醫院抽血檢查之下，發現腎功能已經衰退，到了末期腎衰竭階段。雲姨相信那是與長時間服用大劑量止痛藥有關，她需要洗腎。

面對腎病，雲姨沒有大的情緒反應，護士覺得她沒有適應的問題。只有雲姨自己知道：「苦難的人生，加多一個腎病，又算得是甚麼？」她淡然接受。生命對她來說只有黑和灰兩種顏色，她找不到開心喜樂的元素。

直至這一天，她認識到神，了解到自己與神的關係，深受神對人的大愛所感動，藉著對祂的倚靠，她的生命開始改變！雲姨學懂了愛、寬恕、謙卑，並順服地接受所發生的一切，她慢慢看見生命豐盛的一面。有著神的愛伴隨，她的生命增添了不同的色彩，不再是只有灰與黑。

雲姨已經洗腎十年，每星期有三天要洗血，她知道要好好照顧自己身體。在腎病中她有平安喜樂，而且生活得正面積極，樂於參與醫院的義工活動。已經七十歲的她依然踏著輕盈的步履，活力充沛地活躍於義工活動之中。

丈夫離世，兒女各自成家立室，雲姨回復單身，她享受著一個人，自由自在的生活。這段日子是她生命中最快樂的時光，她感恩知足地過每一天。

雲姨認為自己在世上的責任已經完成，生命的下一步或許就是死亡。即使如是，她亦無悔無憾。死亡對她來說是神接回天家，她沒有恐懼；在天家可以與曾經相處四十七年的丈夫重聚，對她來說，未嘗不是一件美事。

蛻變

小歐自幼就有遠大目標，小小年紀已經與朋友合伙做生意。他年輕時有一個很強的信念，認為個人的價值等同於他的事業與收入，所以他勤奮工作，希望能夠出人頭地。可惜在二十三歲的時候，發現有血壓高，同時腎功能已衰退至末期，需要洗腎。

那已經是三十五年前的事，當時他對腎病毫無認識，內心恐懼，覺得前路茫茫。他懷疑自己還有價值嗎？在洗腎五年後，得到換腎的機會，他歡喜雀躍；可惜移植腎只運作了半年已經失效，小歐要重回洗血生涯，情緒大受打擊，覺得命運弄人。

移植腎失效之後，他回復洗血達八年之久，之後迎來另一次換腎機會，但結果還是逃不過排斥的命運，在第二次換腎的十年後，再一次重回洗血生涯！

本以為換腎後可以在事業上大展拳腳，只可惜事與願違，兩次移植腎失效，令他對這個世界感到憤怒，覺得很挫敗，情緒跌落谷底。他孤立自己，不與別人溝通。外人不明白他的痛苦，只覺得他難以相處，也避免接近他。那些日子，小歐活在自己的世界中，變得沉默寡言。

在第二次換腎失效之後，小歐洗血至今已經有十二年。在這段漫長的洗血期間，他接觸互聯網上浩瀚的世界、觀察社會的各種現象、關注動物的待遇，小歐開始關心這個世界及身邊事物。他的生活焦點改變了，心情也變得輕鬆起來，臉上漸漸多了一點的笑容。

時間亦改變了他的價值觀。年輕時，他希望事業有成，對自己和一切人、事、物都有很高要求，常活在繃緊的狀態之中。小歐後來相信那是自己高血壓的成因吧！現在，工作已經不再是生命的中心點，他選擇每星期只工作兩天，目的是讓自己與社會保持接觸，免於脫節。

他欣然接受洗血，認為：「洗血讓我有精神和活力去過每一天的生活，為我帶來良好的身體狀態，我當然樂意接受。」洗血也沒有減低他在平淡生活中的樂趣：溫馨的家，心愛的小狗、喜愛的運動、網路資訊等等。

雖然換腎失敗過兩次，小歐並沒有因此而抗拒。可以再有機會換腎的話，他會高興地接受；沒有的話，還是會喜樂地活在當下。小歐抱著放鬆、隨緣的心態排隊等候換腎的機會，以平常心面對未來。

回望過去，小歐發現，三十五年的起起跌跌，原來是要讓他從營營役役的緊張生活回歸到享受生命！他學懂了接受，知道要與腎病共存，並懂得「在腎病的限制中過自己開心的生活！」

成長

那一年，小嵐二十三歲，她離鄉別井，與遠在香港的男朋友結婚。婚後不久，她誕下女兒。以為可以一生一世的婚姻，卻經不起現實世界中的各種考驗，兩人以離婚收場。那一年，女兒四歲，小嵐成了單親媽媽。

小嵐的父母遠在迢迢千里的故鄉，她在港無親無故，面對離婚，要獨力負起照顧女兒的責任，經濟也成問題，她倍感孤立無援。

纖纖弱質的她一向有腎炎的紀錄，在面對婚姻失敗的同時，身體不適，醫生卻告訴她是末期腎衰竭，需要洗腎。遭遇重重的打擊，她問上天：「為何要面對這麼多苦難？生存還有甚麼意義？」雪上加霜，只覺徬徨無助、絕望，她很想一死了之。

只是，小嵐捨不得心愛的女兒，不忍心拋下她：「無論怎樣，要堅持下去，要養育女兒長大成人。」當她主動求助的時候，身邊出現了不少天使：醫院的社工，院牧、護士、病人互助組織的義工、教會的弟兄姊妹，讓她熬過生命中最黑暗的日子。

每一天，她在家洗肚治療，照顧女兒，她知道要好好的過每一天，做好每一件事。四年過去，她得到換腎的機會，覺得自己很幸運，內心充滿感恩。

換腎讓她看到一線曙光，她開始找工作，作不同的嘗試。她活在希望之中：希望工作的同時能夠照顧陪伴女兒，更希望有經濟獨立的一天，還希望可以回鄉探父母，她積極地生活。

十年過去，小嵐所有的願望都達成。回顧過去的日子，她深深感覺逆境給自己帶來學習的機會，幫助她成長，讓她變得有智慧，同時磨練出成熟、獨立、堅強的性格；她終於尋找到苦難背後的意義。

結語

常言道：當苦難降臨的時候，不要問「為甚麼？」，而是要問「如何面對？」腎病亦然。在現實生活中，慶幸的是大部份患者會以正面積極的態度去面對。筆者將各人不同的經歷和心路歷程記述下來，希望透過他們的經驗，能為讀者帶來一點的啟示，特別是身患腎病的朋友，願他們在疾病中依然能夠好好的度過每一天。

第十章　心靈故事

本章包含十個心靈故事，故事主角是一班腎病患者及其家人。內容環繞著他們生活中所發生的事情，讓大家感受他們內在的心靈世界。腎病的背景，加上個別獨特的遭遇，和各人的性格特質，編織出各個不同的結局；而這些故事帶出種種的複雜情感、思想意念、及對生命的感悟和期盼等等，足以發人深省。

慈悲心

在一個海外的社區洗血中心，十位患有腎病的朋友剛剛接駁上洗血機，一切安定下來，大家開始四小時的洗血療程。冬天的晨光暖暖的從玻璃窗照進室內，中心的氣氛顯得格外舒適和寧靜。在寂靜中，門鈴響了起來，到訪的是查理，他的出現讓中心的氣氛頓時變得熱鬧起來。

查理是大家的老朋友，早前在中心洗血好一段日子。在兩個多月前，他收到醫院通知，有合適的腎臟可以移植給他，他即時到醫院接受換腎手術。從此，查理再沒有在中心出現。

有幸得到善心人捐贈而可以換腎，查理不用再受洗血所困。今天他帶來手信回到中心報平安，並且探望一班還在洗血的舊戰友。他訴說著身體和精神狀況如何得到改善，引來大家艷羨的目光，紛紛恭喜這一位受到神所眷顧的幸運兒。眼前的查理精神奕奕、容光煥發、喜氣洋洋，他一一的向各位朋友問安，並且寒暄一番。

半年過去，原定要回中心洗血的史提芬這天沒有出現，一班戰友關心地問護士：「史提芬發生了甚麼事情？」原來史提芬亦得到幸運之神的降臨，回醫院接受換腎手術了。

和查理一樣，史提芬在換腎手術後攜著手信回到中心探望還在洗血的舊戰友。他同樣地精神奕奕、容光煥發、喜氣洋洋，大家亦羨慕地恭喜史提芬得到這個重生的機會。

漸漸地，換腎後回中心探望舊戰友就成了這個中心的習俗。每次有換腎後的朋友到來探訪，一眾依舊在洗血的朋友都會祝願對方。可是，每次他們在恭賀的時候，一想到自己還要繼續洗血，不知道還要等到何時，內心有難以言喻的感受。

數年過去，一向沉默的彼得終於也得到換腎的機會。只是，怎麼過了一段頗長的時間還未見彼得回來問好？大家心中都有了疑問。就在大家好奇之際，門鈴響起了，進來的是一位陌生面孔的女士，自我介紹之下得知她是彼得的太太。

原來彼得太太是受丈夫所托，到中心向大家問好，同時帶來茶點給大家享用。大家關心地問起彼得的近況：「怎麼彼得沒有親身來探望我們？」太太告訴大家：「丈夫換腎後的身體很好，也康復得很快，而且已經回到工作崗位。因為工作，不能抽空，所以拜託我來探望大家。」

寒喧一番後，在彼得太太正要離開之際，好奇的護士靜俏俏地問彼得太太：「是否有其他原因令彼得不出現？」太太低聲地對護士說：「彼得很高興可以換腎，但同時擔心自己的出現會令到一眾舊戰友還在等待換腎而有所感觸，他不忍心在一班老戰友面前肆意呈現自己得到換腎的喜悅。」護士深深地受彼得的慈悲所感動。

角色扮演

阿海六十歲，歷盡人生的磨練，雖然滿面滄桑，卻有一雙炯炯有神的大眼睛，說話時更中氣十足，給人一種有頑強鬥志的感覺。二十五歲那一年，他患上末期腎衰竭，幸得哥哥手足情深，將自己的一個腎捐出，移植給弟弟，讓阿海不必受洗血之困，可以繼續正常地生活和工作。

年輕時候的阿海，人生目標就只是希望賺多一點錢。他的工作壓力大，長期活在緊張的環境中，因此養成吸煙和飲酒的不良習慣。今天回顧，阿海後悔自己年輕時沒有好好照顧及愛惜身體。

三十九歲的時候，阿海的移植腎因為受到排斥而失效，他需要定期到醫院洗血，一星期兩次治療。那段日子，生活和工作都受到影響，收入也大大減少，要養妻活兒，他入不敷支，經濟上出現問題。

幸好有情如手足的老朋友，在困境中施與援手，借出金錢，讓阿海可以安排回國內換腎。換腎後的阿海回復往日的健康狀態，不同的是，他欠下朋友一筆債項，需要更加努力工作以清還債務。

欠下朋友人情，換腎後的阿海努力工作，希望能早日還清債項，放下心中的擔子。可惜他沒有一技傍身，只能靠做搬運、地盤雜工等體力勞動工作去賺取金錢。縱使如此，阿海依然將工作和賺錢放在第一位，沒有好好照顧身體的需要。

踏入六十歲，他終於還清債務，放下心頭大石。以為可以輕鬆一點之際，醫生卻告訴他一個壞消息：「你的移植腎有排斥的現象，以後需要回復洗血治療！」這個消息對他來說，猶如五雷轟頂！為甚麼問題總是不斷出現？一個接一個的，為甚麼自己的一生總是受著金錢和健康的問題纏繞？生命為何是如斯的令人唏噓？

第二次移植腎受到排斥，身體同時出現併發症，需要入院治療的時間多了，人也變得虛弱。同時，他沒有積蓄，生活和醫療上的支出令他經濟拮据。

因為個人尊嚴，他沒有向外求助。昔日含辛茹苦養大的兩名兒子，如今亦各自面對生活上的壓力，肩負沉重的經濟擔子，因此阿海不忍心向兒子求助。他選擇自力更新，虛弱的軀體卻潛藏著堅強的意志。趁自己還有能力可以走動，他到建築地盤做散工，賺取微少的收入，去應付生活和醫療上的開支。

接受洗血，阿海需要在頸側插上一條喉管；不幸地傷口受到一種頑強的細菌感染，需要在醫院留醫，接受抗生素注射，那段日子他不能工作，沒有收入。在醫院住了兩星期，可以出院了，不過還需要每天回到醫院病房注射抗生素。而他在出院後的第二天就到地盤工作賺錢。

一個黃昏，天色漸黑，阿海拖著搖擺不穩的身軀，風塵樸樸，疲態畢露的踏入醫院大門。這一天他是要到醫院繼續抗生素療程，護士望著眼前的阿海，滿心憐憫，關心的問候：「這麼晚了，吃了飯沒有？」阿海回覆：「還沒呢。剛從地盤放工，就趕來打針，怕耽誤嘛。」雖然護士知道阿海的困境，但也忍不住說：「怎麼不多休息幾天才工作？你的身體還沒有復原呀。」阿海對護士說：「沒辦法，住院兩星期，沒有開工，何來有錢生活？」護士心軟下來，嘆了一口氣，改用附和的口吻回應：「做人實在辛苦，每個人都有各自的困難。」

大家默然無語，護士準備好藥物，開始為阿海注射，護士說：「不舒服的話，要說出來呀。」阿海突然感觸，嘆了一口氣說：「我這一生，就是穿著『病人』這件戲服來到人間，一生做著病人的角色，承受著作為病人的痛苦。」護士聽著阿海的表達，有感而發地回應：「或者你的靈魂在這一生來到世上是扮演病人的角色，體驗作為病人的痛苦。然後，下一生你會是一位醫護人員，由於你已經體驗過病人的角色，你一定會更加有愛心地去照顧有需要的病人！」聽著護士的說話，阿海得到安慰似的，面部放鬆了，展露出一絲的微笑。

恬靜如斯

到了要洗血的日子，七十五歲的趙婆婆總會準時踏入洗血中心，不會遲到。她纖弱的外表總給人弱不禁風的感覺。她很少說話，卻常常面帶微笑，帶給人一種安靜的感覺；平易近人的她是大家所喜愛的偶像。

年紀大了，身體健康狀況開始不太理想，起居飲食和醫療上的照顧需求亦多了。原本在家生活，有兩位子女的照應，現在趙婆婆主動提出要搬進護老院，不希望再給子女帶來麻煩和負擔，影響他們的生活質素。

住進護老院後，趙婆婆依然很獨立。每次洗血，她獨自拿著拐杖，背著布袋，緩慢地步入中心洗血。治療完畢，她同樣一個人回到護老院，不需他人協助。

在寒冷的日子，各人坐在洗血椅上接受治療，蓋著藍色厚厚的醫院被褥。唯獨趙婆婆在一片藍色的被褥中顯得特別突出，因為她蓋的是印有豹紋圖案的珊瑚被。那輕巧卻暖融融的珊瑚被，原來是趙婆婆的私人被褥。護士說：「婆婆，妳的珊瑚被很溫暖呀！只是每次要攜帶很不便，我們有醫院被褥供應，不用自己帶回來這麼麻煩。」趙婆婆溫柔地回應：「不麻煩，珊瑚被不重，摺起放在布袋也很方便攜帶，醫院的被褥可留下來給有需要的病人使用。」聽著趙婆婆那為他人著想的回應，護士的內心也溫暖起來。

有一次，趙婆婆用作洗血的血管塞了，醫生唯有在她的另一手臂新造一條人工血管。這一天，趙婆婆第一次用這新造的人工血管作洗血之用，人工血管深深的藏在皮肉層之下，要成功的將洗血針插中這血管也實在是一個挑戰。護士戰戰兢兢的將一枝常人眼中的粗針慢慢刺穿粗厚的皮肉層，插入血管。護士彷彿也感受到痛楚似的，滿有歉意地說：「對不起，一定是很痛吧。」趙婆婆卻平靜地說：「不算甚麼，還可以。」她是如斯的冷靜、容忍。

一個晚上，趙婆婆不幸地中風入了醫院。第二天是她洗血的日子，趙婆婆趟在床上，由職員從病房推往中心洗血。她的表情呆滯，沒有回應護士的問候。令人憂慮她是否腦部受損，因此而神智迷亂。護士擔心她不能穩定地完成洗血過程，特別安排人手照顧。沒想到，在四小時的洗血期間，婆婆閉上眼睛，安靜地躺在床上，和往日一樣的平靜。她的狀況穩定，洗血過程順利，照顧她也沒有出現困難，實在令人安慰，大家也鬆了一口氣。

經過一段康復的日子，婆婆回復往日獨立的生活。在洗血的日子，她依然是單獨回到洗血中心，只是她的活動能力也確實不如往日了。

在一個早上，是趙婆婆需要洗血的日子，腎科中心職員為婆婆安排好一切洗血的準備，只是，她沒有像往日一樣準時出現。等了好一段時間還沒有看到她的蹤影，護士只好打電話到護老院了解情況，心中有點不安，害怕是否發生了甚麼不祥的事。果然，對方傳來噩耗：「趙婆婆在昨晚已經返回天家了。」

護士長時間照顧趙婆婆，彼此已經感情深厚，一時之間實在不能接受，心急想了解事情的發生經過。護老院職員於是詳細的說：「晚飯後，一班院友如常的坐在電視機前觀賞節目。然後，各院友一一的回到自己床上休息，只剩下趙婆婆獨自一人，繼續坐在電視機前。到了深夜，職員發現她依然坐在椅上，沒有回到床上睡覺。職員好奇，上前了解，發覺趙婆婆已經沒有生命氣息。不知在甚麼時候，她已經走了。」

趙婆婆的死亡亦如她的一貫作風：「不動聲色，避免為別人增添麻煩。」在沒有人發覺之際，她靜悄悄地離開這個世界。

天意安排

小甘只得四歲的時候，爸爸因病去世，媽媽獨力將小甘五兄弟姊妹養育成人。他在山邊簡陋的木屋成長，雖然物質生活欠缺，但熱鬧的家庭生活卻為小甘留下溫馨快樂的童年記憶。他最深刻的是每個星期天，媽媽拖著兄弟姊妹五人到教會參加崇拜的情景。

成長後兄弟姊妹的生活都得到改善。小甘亦有了自己一家四口的小康家庭。生活忙碌，他已沒有定期到教會，但他沒有忘記與神溝通的習慣。祈禱是他生活的一部份，特別是在危急或身體不適的時候，他更會頻密禱告。小甘還記得一些聖經教導，例如要孝敬父母、兄弟姊妹要和睦相處、夫妻要相互敬重等等。

踏入中年，照顧一家老少，人生的責任特別多。小甘也不例外，年紀老邁的媽媽不幸患上腎病，需要在家洗肚，還要頻繁的回到醫院覆診，接受各種治療，行動上需要照顧。兄弟姊妹五人，唯獨小甘的工作可以靈活調配時間，能夠配合媽媽的醫院約期，陪伴她出入醫院。而其他兄弟姊妹因為工作定時，安排時間確實有困難。為了顧全大局，小甘主動提出由自己一人負責照顧媽媽出入醫院的任務。

陪伴媽媽的日子，小甘要晚一點才可以放工回家，因此影響了自己的家庭生活，太太開始對他有微言。太太認為照顧媽媽是每一個兄弟姊妹的責任，不應由小甘獨力承擔。夫妻的矛盾日漸增加，溝通也減少，關係變得惡劣。終於，有一天，小甘被太太逐出家門。他無奈地，單獨回到兒時的居所、那殘破不堪的木屋居住。

後來太太提出離婚，小甘無奈地簽下離婚書，自此過著獨居生活。他最捨不得一雙兒女，不能陪伴他們成長是小甘人生中最大的憾事。

與小甘有深厚情誼的表弟見表哥孤單寂寞，相約回家鄉度假，希望為表哥帶來一點快樂。小甘怎麼也沒想過，在短短幾天的旅程中會遇上奇緣，認識了一位心靈相通、一見如故的女朋友。小甘與這位年輕、溫柔、善解人意的女朋友相處一段日子後，女朋友成了小甘的第二任太太。

第二任太太賢良淑德，她不僅盡媳婦的責任，事無巨細，照顧奶奶的起居生活，還協助她在洗肚治療上的需要，有空更陪伴一起外出遊玩，讓奶奶開心。太太如此孝順，小甘十分感動，對她充滿感恩之情。

然而，小甘的人生彷佛重演相同的戲碼，隨著媽媽因病離世，他在五十八歲時亦同樣患上腎病，需要洗腎。小甘很難受，情緒十分低落，在身邊的太太沒有嫌棄他，更給

予丈夫支持和鼓勵：「不要害怕，我們一齊渡過難關！」小甘深受感動。

要洗腎，小甘選擇晚上用腹膜透析機進行治療。一旦接駁上機器，就不能走動，每當人有三急，他唯有用便盆在床上解決，太太毫不嫌棄地為他處理排泄物。對於要太太處理這些厭惡性工作，小甘內心滿有愧疚和歉意，太太輕言細語地回應：「兩夫妻那會計較？」

三年過去，這一天小甘回到醫院覆診，醫生告訴他說：「洗肚已經無效，需要洗血了。不過可以考慮家居洗血，因為那比較適合你的狀況。」他接受了醫生的建議。只是六十一歲了，要學習家居洗血，記憶力和理解能力都未如人意，他覺得有點吃力，唯有找太太幫忙。太太相對年輕，學習新事物吸收得快。她輕易地學懂相關程序，最後成為小甘在家居洗血的照顧者。

在日漸衰老及患病的處境下，小甘得到這位溫柔和善解人意的太太在身邊陪伴、照顧，內心非常感恩，更相信那是天意的安排。小甘因此體會到神對他的寵愛，感受到無比的幸福。即使健康情況不如人意，他每天依然活在平安喜樂之中。小甘相信神會看顧，人只要交托，神自有祂完美的安排。

撲朔迷離

一天，魯伯伯飲早茶後回家，他家住九樓，甫步出升降機門，突然眼前一亮，一隻小狗居然站在自己的門口。他十分好奇，心想：「這是誰的小狗？牠迷路了嗎？但這是九樓，怎麼會在這麼高的地方出現？」於是他向同層的每一家詢問，卻沒人認領。魯伯伯摸不著頭腦，只好回到家裡，由得可憐的小狗獨自留在門外。

到了吃晚飯的時候，魯伯伯想起小狗。大半天了，牠是否還在門外？於是打開門看看，小狗真的還站在門外呢。只見牠搖著尾巴，望著魯伯伯，眼神像在訴說著：「你終於開門給我進來嗎？」魯伯伯望著小狗，心想牠沒有吃、沒有喝，一定很肚餓，心生憐憫，於是他將小狗收留下來。

小狗全身長著黑白捲曲的毛髮，還有一雙水汪汪和黑亮的眼睛，十分可愛。牠的出現撲朔迷離，恍如雨點從天而降，於是魯伯伯給牠起了一個名字叫小雨點。

魯伯伯一家三口，但小雨點獨愛跟著魯伯伯。無論他在客廳、睡房或廚房，小雨點總是緊貼在他腳邊；魯伯伯入了洗手間，牠會在門外徘徊，等候他出來。每當魯伯伯關注地望著牠的時候，牠都會同樣用那雙水汪汪的眼睛回望魯伯伯，搖擺著尾巴，表現出開心雀躍的樣子。

每次回到家裡看見小雨點，魯伯伯心情都會輕鬆起來，猶如遇見相識已久的知己良朋。在情緒鬱悶的時候，小雨點更成為他傾訴心事的對象。小雨點成為魯家的新成員，亦為一家人增添了生活情趣。

每當需要大小二便，小雨點便會自動自覺走進浴室解決。魯伯伯每天為牠清理在浴室地上的排泄物，一切都習以為常。若干日子後，有一天，魯伯伯覺得有點異常，怎麼最近很像沒有見小雨點小便的痕跡？與家人印證後，發現小雨點真的好幾天沒有小便！

魯伯伯帶小雨點前往見獸醫，檢查過後，獸醫說：「小雨點的腎臟出現問題，吃一點藥，下星期回來覆診。」魯伯伯發呆了，心想：「怎麼會如此巧合？」原來已經七十歲的魯伯伯一向有糖尿病，早段日子醫生亦告訴他說：「受到糖尿病影響，你的腎功能已經漸漸地衰退。」

魯伯伯不明白命運裡的一切安排，只知道生命就是「接受和面對」。日子一天一天的過去，數個月後，醫生告訴他說：「腎功能已經到了末期，需要開始洗肚了。」護士向他講解在家洗肚的情況及需要的準備，其中有一句：「不可在家養貓狗類的寵物，因為洗肚需要有一個特別清潔的家居環境，以減低腹膜炎的發生！」魯伯伯愕然了，想到家中的寵物，心想：「小雨點怎辦？」

小雨點已經是家中的一份子，怎捨得拋棄牠呢？但洗肚已是必要的，否則自己的生命也難保。魯伯伯不知如何打算，心煩意亂。回到家中，他憂愁地望著小雨點，如常的向牠傾訴心事，表達自己心中的困惑：「要洗肚，不可養寵物。如何安排好呢？」

到底是小雨點明白魯伯伯的說話，還是大家在心靈上互相了解對方，抑或是巧合，實在沒有人知道。只是，在第二天的下午，魯伯伯從街外回家，奇怪小雨點沒有像往日一樣到門口迎接他。家中顯得特別寧靜，只見牠躺在餐桌下，睡著了的樣子。魯伯伯心中有種不祥的感覺，他蹲下摸摸小雨點，發覺牠已經沒有反應，也沒有呼吸，牠走了。

魯伯伯傷心難過，小雨點在魯家陪伴了他兩年，彼此在心靈上似有溝通，心中實在萬分捨不得牠的離開。在那一刻，魯伯伯心中突然出現一個訊息：「小雨點是從天而降的小天使，在適當的時候到來陪伴他，帶給他喜樂。牠選擇在這一刻離開，也是配合需要，讓自己可以安心地接受洗肚治療。」魯伯伯眼睛滿有淚光，心中充滿對小雨點的惦念。

如夢一場

已經是三十年前的事了，那一年，阿貴二十三歲，與父母及六兄弟姊妹生活在國內的一個窮鄉僻壤。他們以耕種為生，生活貧困，一家居住在以泥土築成的小屋，家徒四壁。在晴天，一線線的陽光從屋頂的罅隙射進屋內，非常刺眼。在雨天，室內難逃雨水的痕跡，四處放著承接雨水的面盆，發出叮咚的響聲。

阿貴多渴望能夠為家人及自己改善生活質素！只是要在家鄉覓得高薪厚祿，機會渺茫。為了尋找機會，阿貴和十二位同鄉兄弟決定偷渡到香港。他們攀山越嶺，抵受著饑寒交迫，終於成功抵達香港的邊境地區。

十三人各自身上都帶備了港幣，大家一致同意差遣阿貴往麵包店買食物充飢，因為他膚色白皙，又懂得說廣東語，不容易被懷疑是非法入境者。十二位飢餓的同鄉兄弟則在街角等候阿貴回來。阿貴成功買了一大袋麵包，沒有被人發現自己的身世。可是，正當他轉身回去找大家的時候，卻遠遠的望見弟兄們給警察捉個正著，被扣上手銬，帶上警車，他呆住了！

剩下阿貴獨自一人，各種滋味在心頭，手拿著一大袋麵包，還有三百多元港幣，從此開始一個人在香港的流浪生活。流落異鄉、舉目無親、盤川耗盡、一無所有，他感到前路茫茫。為了求生，他每天在鬧市中的後巷尋找餐廳丟棄的剩餘食物，只要沒有沾濕的，都是他用作填肚子的三餐。晚上，他偷偷匿藏在大廈屋苑的垃圾房，那裡晚上沒有人出入，總算有瓦遮頭，可以度宿一宵。

勉強的三餐一宿讓阿貴在香港生活了四個月，每一天他都在繁忙街道上，漫無目的地流連。這一天，突然在背後傳來久違了的鄉音俚語，感覺是如此的親切，彷彿遇見了親人。阿貴立即回頭轉身，情不自禁地上前搭訕，自我介紹一番。阿貴遇上了在香港的第一位貴人，是自己的同鄉。

得到貴人的幫助，阿貴在同鄉的餐廳工作，包食宿，還有四千元的月薪，阿貴不敢相信，那實在像造夢般的不真實。不過，興奮過後，他發覺沒有正式居民身份的生活並不好過，每日的工作都是提心吊膽，恐怕被拘捕。休息時間也不敢外出，怕被警察截查身份證。每當看見警察，他會心驚膽跳、面紅耳熱、不知所措，他活在「偷偷地生存」

的壓力之下。

工作一段日子，阿貴認識了一位在香港生活的女朋友，那是他生命中的第二位貴人。女朋友深愛著阿貴，在他有需要的時候，盡自己所能，提供幫助，協助他轉工、找工作、搬屋等等。

可惜五年後，不願見到的事情終於發生了！阿貴在工作期間被警察捉個正著，被發現是非法居留人士！他被關進監獄，後來被遣返中國，阿貴無奈地返回家鄉。

雖然分隔異地，但女朋友沒有離棄阿貴。三年後，兩人結婚，正式成為夫妻，阿貴亦因此能夠從合法途徑申請到香港居住。終於可以在香港居留，一切得來不易。阿貴告訴自己要努力工作，要賺多一點金錢。由最初在餐廳的工作到後來轉行做裝修行業，他積極、拼搏、勤奮上進。阿貴在短短六年間由工人身份榮升做老闆，成立了自己的裝修公司，他心滿意足！

蒸蒸日上的業務為阿貴帶來豐厚的收入，他所賺取的金錢足以讓他在香港及家鄉購買物業。有了自置居所，物質生活更豐盛了，而太太更為他誕下女兒，那段日子是他生命的顛峰，阿貴每天活在幸福的感覺中。

一天，阿貴在工作期間受到劇烈頭痛所困擾，嚴重不適，不能工作，他被送往急症室。檢查之後發現他的血壓升至二百以上，而且腎功能亦有衰退的情況。醫生說：「目前沒有即時洗腎的需要，不過終有一天也難逃這個命運。」

在人生的高峰點接收到有這個消息，阿貴震驚：「怎能接受？只要有一絲希望，都要尋求醫治。」香港的醫生說沒有其他方法，只有洗腎。阿貴唯有轉向國內，希望回中國可以找到良方妙藥。他在國內四處尋訪，到過不同的醫院求醫，每次都用上數十萬元的醫藥費，最終，他家財耗盡，居住的物業也要賣掉。

遺憾的是，兩年後，他開始沒有小便，身體漸漸腫脹，阿貴真的需要洗腎了。那段日子，他的情緒極度低落，身體也不如往日的精力充沛，應付公司業務更感吃力。生意每況愈下，終於在患病四年後結業，阿貴亦同時宣佈破產。

在物質層面，阿貴回復最初的處境，一無所有，曾經擁有過的，如今像過眼雲煙，消失於無形。生活窮困，他只能遷移到偏遠的木屋居住。在香港的經歷，恍如發了一場夢，他感慨人生如戲劇般的虛幻。

幸好，阿貴有著樂知天命的性格，跨過情緒低谷之後，他接受生命中發生的一切；即使有病纏身、一無所有，他仍然可以清茶淡飯、簡樸地過每一天。他相信：「只要還有生命，自己依然可以好好地過日子！」

回望前塵往事，雖然遭遇無常，樂觀的他還能夠數算生命中無數的恩典：在艱難時刻得到貴人的幫助；有機會成功當上老闆；曾經有豐盛的生活；有家庭、妻子和女兒的陪伴；在病患中得到良好的醫療照顧；治療中有同路人的關愛及支持；在一無所有的時候得到社會的支援；今天不必擔驚受怕、能夠活在平安中；生命還可以延續下去！

當大部份人在慨嘆為何要來到人間受苦的時候，阿貴卻感恩有機會去體驗那如坐過山車一般的人生歷程、見盡人生百態。千帆過盡，他豁然面對人間得失，雲淡風輕，彷佛已經看透人生！

錯失太易

兒女長大成人，各自成家立室，將踏入老年的葉生和太太又回復二人世界的生活。葉生已經退休，可惜患有糖尿病多年，後來引至腎衰竭，需要每星期三次到醫院洗血。葉太雖然也年過六十，但身體還好，仍然繼續工作。她喜歡定時的生活模式，有工作、有休息、更可以經濟獨立，因此暫時沒有退休的計劃。

長期病患之下，葉生身體日見衰弱。一次更不小心被一根釘子刺傷腳板，因為糖尿病的緣故，傷口不能癒合，而且更慢慢地擴大並且潰爛，最終需要進行腿部截肢手術，從此葉生需要以輪椅代步，更加要依賴太太的照顧。

為了葉生，葉太終於辭職，一心一意照顧他。照顧者的工作是長年累月，一星期七天，沒有假期，也沒有放工時間。雖然吃力，但葉太依然無微不至地照顧丈夫。

患有糖尿病，葉生要長期控制飲食，年老的他變得如小童般，常要求吃甜食物，葉太常常困在兩難之處，內心掙扎，到底要為他的健康而拒絕？還是要讓他高興而給予？照顧工作真的不容易！長年累月照顧行動不便的丈夫，也令葉太腰背勞損，引至坐骨神經痛。身體勞損，加上年紀大了，精神和體力有限，容易疲倦，葉太的耐力也漸漸地減退。

葉生一星期有三天需要到醫院洗血，葉太負起接送的責任。這一天不是洗血日子，葉太心想可以輕鬆一點。可是葉生一早起床，就對太太提出一個請求：「我很久沒有見老張了，想約他吃飯見個面，可不可以替我安排？」葉太依從指示，約了老張這位多年相識到酒樓吃午飯。能夠與老朋友聚會，葉生感到十分高興。

午飯完畢，回家途中路經餅店，葉生被那新鮮出爐糕餅香噴噴的味道所吸引，他要求太太買來吃。葉太覺得剛吃過午飯，恐怕吃得過量，所以拒絕了他的要求。可是丈夫猶如小朋友般，跟太太在街上討價還價，終於葉生得常所願，太太買了蛋糕，只是要他留待晚上才可以吃。

晚上，吃過蛋糕作宵夜，梳洗之後，葉太扶抱丈夫上床休息。勞碌了一整天，葉太腰酸背痛，疲勞的她心想：「終於可以輪到自己回睡房休息。」正當她想離開之際，丈夫提出了另一個請求：「可不可以坐下來？我想和妳談一談心事。」葉太已經疲倦不堪，很想休息，覺得有點兒不耐煩，於是對丈夫說：「今天大家都已經很累了，不如早點休息，明天再談吧。」這一次，葉太婉拒了丈夫的要求。

第二天清晨，葉太起床後前往看丈夫，只見他還在熟睡，丈夫曾經說過喜歡睡到自然醒，所以就沒有吵醒他。葉太前往梳洗，在擦牙期間，她突然有一種奇異的感覺湧上心頭，感到全身發熱，腦海閃出一個訊息：「丈夫有異常。」她立即放下牙刷，匆匆走回丈夫床邊。她用手貼近丈夫鼻孔，發現已經沒有呼吸，葉生在睡夢中離開了人間。葉太十分驚慌、心亂如麻、不知所措，顫抖的雙手幸好還有能力打電話給兒子求助。

丈夫的突然離世，為葉太帶來不能磨滅的傷痛。她更後悔沒有成全丈夫最後的一個心願，怨恨自己沒有把握最後的機會跟丈夫談心事！葉太深感內疚，她多渴望能夠有機會彌補心中的遺憾。

其實，作為照顧者，葉太一年三百六十五日，沒有休息地照顧丈夫，丈夫怎會不知道她的疲累？已經在另一個世界的葉先生，對太太多年來盡心盡力的照顧，所付出的辛勞，相信會深深地報以無限的感激，還有那份對太太永不磨滅，和無盡的愛。

脫胎換骨

在別人眼中，阿樂生長在一個完整家庭，他有父母和哥哥，一家四口生活在一個公屋單位。只有阿樂知道，生活在同一屋簷下的一家人恍如陌路人，沒有溝通，每個人只活在自己的世界裡。在這個「家不成家」裡，大家關係疏離，沒有情感交流。父母和哥哥從來沒有理會他，也不過問他在生活和學業上的情況。

在冷漠的環境中成長，阿樂沒有感覺被愛或被受注意，只覺得自己沒有位置，更不會有人關心他。長期的被忽略，令他自我價值低落，性格孤僻，沉默寡言。同時，沒有督促管教之下，他變得任性、生活散漫，中學未畢業已經綴學。不善溝通的他沒有朋友，生活漫無目的，每天只活在電腦的世界，那是他唯一得到滿足和快樂的途徑，阿樂成了第一代宅男。

成長後，生活頹廢、對家庭沒有貢獻，阿樂開始感受到來自家人的壓力。為了要幫補家計，他找到一份技術員工作。這份工作職位低、工時長、工作量大、要兼顧的工作範疇廣、壓力實在不少。不過，為了經濟原因，他還是硬著頭皮地接受這份工作，而且一做就是十多年。

工作期間，阿樂確診有高血壓，需要長期服用降血壓藥。他不明白高血壓是甚麼，任性的他輕看疾病，沒有依期覆診，更沒有跟從指示服藥。還以為身體沒有不適，生活就可以如常。他對治療的事便漸漸不了了之。

工作對他來說很重要，因為那是收入的來源，所以是他生活中的第一位。面對工作壓力，他不懂得如何放鬆自己；更自覺年輕，沒有意識到要好好照顧身體。數年過去，身體出現變化，他的小便量慢慢減少。後期，每天早上去了一次小便之後，更整天不用找廁所。無知的他更為此而感覺良好，因為沒有了找廁所的麻煩。阿樂不知道自己已經到了末期腎衰竭的階段，是因為高血壓而引至的腎衰竭。

阿樂開始要接受洗肚治療，當公司知道了情況之後，就立刻將他解僱。他對公司的絕情感到失望，同時更加感覺自己是一個沒有價值的人。

洗肚期間阿樂沒有工作，他失去人生目標，不知做人有甚麼意義。原本生活已經不快樂，現在更加感覺生命的痛苦與無奈。他要照顧自己在治療上的需要和飲食的節制，能力上可以應付，只是表現卻未盡如人意，他常會因為沒有節制，令身體出現水腫，需要特別處理。

四年後的一天，阿樂回到醫院覆診，在門診部等候的時候，他突然暈倒，不省人事。

醫生和護士立即走到現場了解情況，發覺他已經沒有呼吸和脈搏，他的心臟停頓了，大家緊張地立即為阿樂進行急救。

在那一刻，阿樂聽見有聲音說：「不要動！我們在幫你！」在那之後，他從天花看見自己的身體，阿樂的靈魂離開了身體。他看見醫生在自己身上按壓，一班護士在旁協助，急忙地為自己急救。

從死亡邊緣被救回人間的阿樂，在深切治療部昏迷了一星期。經過檢查，原來是因為身體積聚了大量水分，引至肺積水，令到呼吸衰竭和心臟停頓。

阿樂剛醒過來的時候，看見哥哥已經在床邊。哥哥訴說著自己的女兒為這位叔叔的危殆情況十分傷心，哭得死去活來。那一刻他驚覺：「原來會有人緊張我！會為我而哭！」他有所感觸，情感得到流動，眼睛滿有淚光。

踏足死亡已經是三年前的事，在這三年裡，阿樂有脫胎換骨的改變。父母相繼離世，哥哥則成了單親爸爸，而兩名侄兒侄女亦踏入青少年期。阿樂回復一家四口，只是成員有所改變。

他開始看到生命美好的一面，每次回家都有家的幸福感覺。家人常在輕鬆的氣氛中有說有笑，溝通多了，大家凝聚起來，滿有親情的。他感受到被家人重視、愛護和關懷。一雙侄兒女有如自己的子女一樣，是他未來的盼望，阿樂看到生命的意義。

洗肚治療成效減退，他轉為每星期兩天回到醫院洗血。阿樂明白到要好好照顧身體，注意飲食，小心節制。起居生活上他懂得分輕重先後，在經濟上更開始儲蓄，為未來打算，生活踏實得多了。

失業多年，在經歷死亡後，他找到一份速遞的工作。相比昔日的工作，速遞簡易和輕鬆得多了。他覺得很適合自己，每天享受著這份簡單的工作。

更令阿樂喜出望外的是，公司老闆容許他每星期有額外一天的假期，以配合醫療需要，讓他接受一星期兩次的洗血治療，而且薪金不減。能夠遇上一位有人情味的老闆，他感激不盡。而最讓阿樂感動的是：「被公司老闆視自己為一個『人』，受到重視，即使職位卑微！」

從死亡邊緣回到人間，阿樂相信每一天都是上天給予的禮物，心中滿有感恩。無論何時何地，他常感受到喜悅；無論在做甚麼，他都享受著生活。在心靈上感到滿足，他對物質世界看輕看淡，已經無慾無求。這段日子，是他有生以來感覺最幸福的階段！

悲傷中的安慰

在小榮洗血的日子，榮媽總會陪伴他到中心接受治療。在等候期間，榮媽會靜靜地坐在中心門外的長椅上，望著窗外景色，等候小榮接受五小時的療程。洗血完畢，她就陪伴兒子回家。小榮其實年紀不小，已經三十五歲。只是榮媽愛子心切，陪伴是希望能夠給予兒子多一點的關懷與照顧。

小榮十八歲患上糖尿病，三十歲的時候更因為腎臟受到糖尿病影響而需要洗腎。病痛的困擾令小榮鬱鬱寡歡。飲食的限制讓他感到了無人生樂趣。偶一不慎，吃多了一點鹹味的食物，或者水喝多了，身體就會腫脹，呼吸困難。在嚴重的情況下，小榮會覺得很辛苦，有生不如死的感覺。

榮媽每天用心安排三餐，烹調小榮喜愛的餸菜，希望兒子吃得健康、開心、快樂。飲食是小榮的人生樂趣，他十分享受美味佳餚。美食當前，要節制實在有點困難，連媽媽的勸戒也無效。榮媽很多時會顯得無能為力，不知道如何處理。她害怕小榮會飲食過量令肉體受到折磨，兒子受苦，自己會有心如刀割的痛。榮媽一方面希望小榮開心快樂，但另一方面又不願見他吃得太多而受苦，內心充滿矛盾。

臨近聖誕節，市面一片歡樂的節日氣氛，報章充斥著旅行團的廣告，三日兩夜的短程旅行吸引了榮媽的注意。對小榮來說，在無止境的治療限制當中，生活也實在是單調乏味和苦悶。榮媽心想去一趟旅行可以讓自己和小榮散心解悶，帶來一點人生樂趣。

聖誕節那一天，兩人懷著輕鬆愉快的心情跟旅行團出發。到達目的地，在酒店安頓下來。第一天的晚餐是火鍋，枱上放滿不同種類的美食，小榮望著，滿心歡喜，盡情地享受一頓豐富的晚餐。在歡樂的這個晚上，小榮在餐桌上卻突然昏迷，被送往醫院救治，可惜已經返魂無術。榮媽實在沒法接受，她抱頭痛哭，內心有如撕裂般，她內疚、自責、哀傷、她肝腸寸斷、心痛入骨。

及後半年，榮媽每天活在烏雲密佈的日子裡，情緒深受困擾。一個晚上，榮媽在夢中看見小榮。夢境中的小榮有著健康、開心、快樂的樣子，還一臉笑容地告訴榮媽：「媽媽請安心，我不用受苦了，現在很快樂。」

第二天醒來，榮媽感覺心情輕鬆，久違了的喜悅重現，人也開朗起來。夢境是如此的清晰和真實，她十分相信小榮昨晚真的到來探訪媽媽。夢中美好的情景讓她深深感到安慰，她感恩兒子在夢中到訪，並且帶來安慰的訊息。

小榮不在，很久也不見榮媽在腎科中心門外出現。直至這一個早上，榮媽再次出現在中心門外，靜靜地在長椅上坐著。久未見面，護士上前問候一番，得知榮媽當天是到中心覆診。原來榮媽亦因為糖尿病導致腎衰竭，需要開始洗腎。

榮媽淡然地接受患病的現實，平靜地表達自己的心聲：「更傷痛的事情亦已經歷過，自己要洗腎又算得是甚麼？」在接受與面對腎病的同時，榮媽透露自己最大的心願：「但願還在身邊的兒女身體永遠健康。各人好好照顧身體，平安地過一生。」

遺憾？釋放？

年輕時的芳姨生活艱難，父母早逝，身為長女，撫養弟妹的責任全落在她身上，於是鍛鍊出她頑強不屈、永不言棄的性格。在四十多歲的時候，原本身體健康的她因為多囊性腎病引至腎衰竭，需要長期接受洗血治療。

面對生命的衝擊，理性的她知道要正面積極地生活：好好的照顧身體、注意飲食、養成定期做運動的習慣、保持正面思想、好好處理情緒；在心靈方面，宗教信仰讓她在心靈上得著支持和慰藉，她活在感恩和順服的狀態當中。

芳姨喜歡做義工，幫助有需要的人，生活過得充實、有意義。做義工更讓她在病患的思緒中抽離，忘掉痛苦。女兒長大成家立室之後，芳姨獨居，定期探望兒孫成了她每天的盼望，為生活添上樂趣，而她最大的願望是得到換腎的機會。

在洗血的日子裡，等待換腎成了她生命的目標。可惜芳姨的身體狀況有別於其他的腎病患者，因為她的肝和腎同時受到多囊性病變影響，情況複雜。當醫生告訴她說：「得到換腎的機會是微乎其微，機會是十分之低。」她難受到極，情緒跌落谷底，不過她還是安慰自己：「希望在人間。」即使機會渺茫，她依然存有盼望，更為了還可以在等候換腎行列而感恩。

日子一天一天的過去，芳姨轉眼已經洗血二十多年，這些日子，她經歷著病患中的苦：躺在病床上的孤單、病痛的折磨、無助的處境。但芳姨亦感受到病苦中還有的溫馨：朋友的探訪、寒冷中送來的頸巾、家人新鮮熱辣的飯盒、醫護人員關心的問候、鼓勵的說話、關懷的眼神、親切的微笑，這些都讓她感到溫暖和人間有愛。只是等了二十多年的換腎機會還沒有出現，那種求之不得的心情，實在非外人所能明白。二十多年的病患體驗，芳姨內心有說不出複雜的感受，五味雜陳，情緒的高低起伏更是常情。

接近七十歲的芳姨慨嘆著說：「由年輕洗（血）到老」。年紀老了，她的身體亦出現不同問題：多囊性肝臟引至腹部腫脹、骨關節病變、各種炎症和痛症，令她承受著肉體的痛苦。

身體日漸衰老，肉體上的折騰，令芳姨沒有能力參與義工活動，生活質素亦每況愈下。在病患與孤獨的境況下，她感到孤單無助，體會到生命中的無力感與及人生的無奈，內心痛苦難受。

理智上她知道要如何好好地生活，但實在敵不過肉體和心靈上的煎熬，在困境中她偶然會有情緒失控的時刻。這一天，身體不適，加上治療上出現問題，芳姨感到極之無助，她吶喊：「實在捱不下去！」承受能力到了臨界點的芳姨崩潰下來。

護士的安撫，讓芳姨平靜下來。護士專心的聆聽，讓芳姨訴盡心中情：「希望換腎，那是唯一的出路。」她表達自己迫切的渴望：「即使等到死也要等下去。」她是如此的不顧一切地渴求著渺茫的機會。

數月後的一個深夜，芳姨在家中接聽到醫院打來的電話：「有合適的肝和腎可以移植給妳……」她實在不能相信自己的耳朵。這是真的嗎？還是幻覺？或是在做夢？她終於等到換腎的機會！期待了二十多年，她終於可以自由了！不用再受病痛的束縛，她興奮、激動、百感交雜。

懷著戰戰兢兢的心情，在黑夜中她步入醫院。等候入手術室的時間是如此的漫長，她有點坐立不安，心中忐忑，夾雜著恐懼的心情。她多渴望有人聆聽自己的感受，幸好有智能電話，芳姨傳遞訊息給好友，告知自己的狀況。大家收到訊息，都安慰她，祝福她手術順利，同時期待芳姨手術後報平安的訊息。

可惜朋友永遠接不到芳姨的訊息，她不幸地在手術期間心臟停頓，在數天後離開人世。各人知道芳姨的消息，心情複雜，實在無言以對：是為她的願望達成而高興？還是為她的離去而哀傷？只知道在神的國度裡，她已經得到自由，也再沒有痛苦和疾病的折騰。

結語

人生就是由各種甜酸苦辣的事件所組成，但患上腎衰竭，人生的味道恐怕和常人的有點不同。本章環繞著腎病患者的心靈故事或會引人沉思、或啟發、或感觸、或黯然，但筆者相信這些故事必然會加深讀者對腎病患者的內心世界的了解。

「你永遠不會獨行！」

活好每一天——與腎友逆旅同行的人生感悟

作　　者：王秀蓉
責任編輯：黎漢傑
封面繪圖：陳耀康
設計排版：多　馬
法律顧問：陳煦堂 律師

出　　版：初文出版社有限公司
電郵：manuscriptpublish@gmail.com

印　　刷：陽光印刷製本廠

發　　行：香港聯合書刊物流有限公司
香港新界荃灣德士古道 220-248 號
荃灣工業中心 16 樓
電話 (852) 2150-2100 傳真 (852) 2407-3062

臺灣總經銷：貿騰發賣股份有限公司
電　　話：886-2-82275988 傳真：886-2-82275989
網　　址：www.namode.com

版　　次：2021 年 9 月初版
國際書號：978-988-75759-9-3
定　　價：港幣 78 元　新臺幣 240 元

Published and printed in Hong Kong

香港印刷及出版